「つい悩んでしまう」がなくなるコツ

オールイズワン代表
心理カウンセラー
石原加受子

Subarusya

もっと「自分中心」でうまくいく!……………………はじめに

私たちを取り巻く環境は、いっそう生きづらくなっていて、さまざまな悩みについても、さらに深く重く、深刻になってきているような感じです。

「つい悩んでしまう」からはじまって、堂々巡りになってしまう悩み、とても解決できそうにない悩み。どこから手をつけていいかさっぱりわからないぐらい複雑に絡み合い、混乱してしまっている悩み等々……。

ところが、そんな悩みの大半が、実はとてもシンプルだったり、軽いものだったり、簡単に解消するものだったりするものです。

それを解決するのが、一見、困難なように感じるのは、「悩んでしまうクセ」がついているからだと言えるでしょう。

この「悩みグセ」というのは、ほんとうは、〝思考グセ〟です。

・周りを気にしすぎる
・自分の気持ちを抑えてしまう
・自分の気持ちを無視して、相手のほうを優先してしまう
・知らないうちに「〜しなければならない」に囚われてしまっている

だから、実際に行動するよりも、「解決できる方法はないものか」とあれこれ〝思考〟を巡らし、

「いまの、この苦しみから、何とか脱出する方法はないだろうか」

と悩む。

これがまさに、思考に囚われている状態です。

そんな思考にはまって、あなたが、他者を気にしながら悪戦苦闘すればするほ

ど、悩みはどんどん増えていくでしょう。

こんなときはむしろ、自分を中心にして、自分の気持ちや感情に添った選択をし、行動をしたほうがうまくいきます。相手を気遣うよりも、自分の気持ちや感情を優先したほうが、相手との関係もうまくいくのです。

これは、決して〝自己チュー〟とは違います。


詳細は本文に譲るとして、「自分中心」のほうが、悩みそのものも早めに気づいて手当できるので、大きな悩みへと拡大させずに済むでしょう。また、結果として、相手を育てることにもなります。

このように、「自分中心心理学」にのっとった解決方法は、一石二鳥、三鳥の好結果をもたらし、「楽あれば楽あり」の人生となっていくのです。

本書が、少しでも、「悩み」に悩まされている読者のみなさまのお役に立てるよう、心から願っております。

石原加受子

「つい悩んでしまう」がなくなるコツ　もくじ

1章

もう二度と「悩み」で苦しまない心をつくろう
……「私」を愛するだけでいい

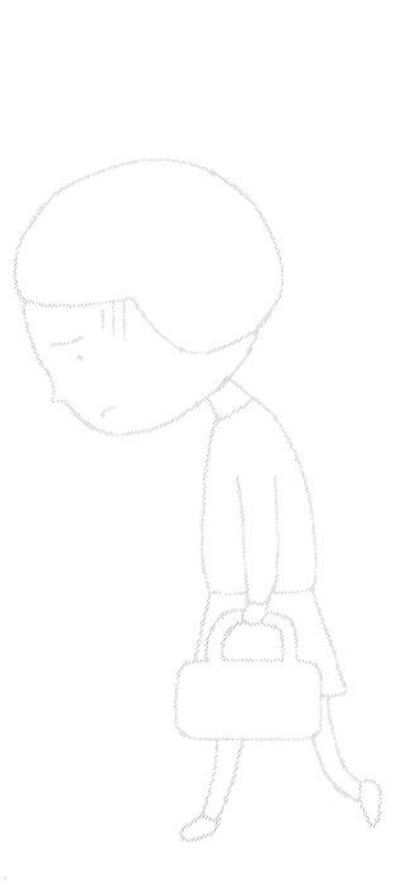

2章

「自分中心」で悩みはどんどん減っていく

……「私」を楽にするだけでいい

3章

不安や恐れの中に解決のヒントは眠っている

……「私」を認めるだけでいい

4章

がんばりすぎないほうが人間関係はうまくいく

……「私」を許すだけでいい

5章

私の「いま」が満たされる7つのレッスン

……「私」を幸せにすればいい

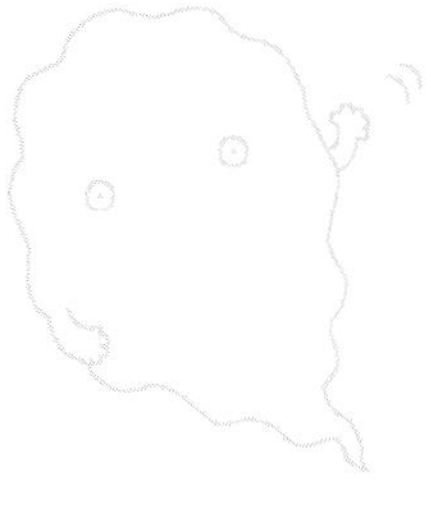

ブックデザイン・イラスト
石村紗貴子

1 章

もう二度と「悩み」で苦しまない心をつくろう

「私」を愛するだけでいい

✦ 心のモヤモヤ、どうにかしたい！

つらい記憶が「あれもこれも」と止まらない

「いま、どんな悩みを抱えていますか？」

初めて私のセミナーに訪れた人に、こんな問いを投げかけると、

「うーん、いっぱいありすぎて、何から話していいかわかりません」

そう返事をする人が少なくありません。

頭の中では、自分を傷つけたあの人のこと、職場でのあの人の顔、あるいは親のこと、恋人のこと、いろんな人たちの顔が浮かびます。

深く悩んでいる人、我慢している人ほど、

「あのときも、このときも。そうそう、そういえば、あんなことがあった。こん

気がつくと、頭の中は悩みでいっぱい！

なこともあったっけ……」

と、次から次へと、これまでのつらかったこと、苦しかったことが思い出されて止まりません。

あまりにもたくさんありすぎて、どこから手をつけていいかわからずに、「自分の悩みを解決するなんて、とうてい無理です」

と、絶望的な気分になって語る人もいます。

なぜか「相手のこと」ばかり気にしてる!?

こんなふうに、悩みやその原因を思い出すとき、あなたは、どんな思い出し方をしているでしょうか?

たとえば、ここに1個のジュエリーボックスがあります。

いくつものネックレスやブレスレットやリングが、あなたの悩みのモトになっている一つ一つの経験です。

それらを、無造作にボックスに投げ入れてしまえば、チェーンや金具が絡まってしまうでしょう。その絡み合ったものが、感情や気分です。終わったことには触れたくないとばかりに、感情をぎゅうぎゅう詰めにしてしまう人も少なくありません。

でも、そうやって、いくつもの出来事を一緒くたにしたまま、絡まった感情や気分を解消しようとしても、うまくいかないのです。

とりわけ、相手の言動ばかり気にしている人は要注意です。

「**あの人は、**いったいどういうつもりで、あんなことを言ったのだろう」

「いつもこうなんだから。どうして、**この人たちは**文句ばっかり言うんだろう」

「こんなに努力してるのに。いったい、どうすれば**彼女は**満足するのだろうか」

「また、争いになってしまった。**彼は、**必ず反対しないと気が済まないんだから」

などと相手にばかり囚われていたら、決して、悩みは解決しないでしょう。

✦ こんな「心のクセ」が悩みのモト

思い当たることを書き出してみると……

ではここで、改めて、ちょっと、過去を振り返ってみましょう。

あなたは、これまで、どんな問題で悩んできましたか？　あるいはいま、どんなことで悩んでいますか？

「あの頃のことは、苦しくてつらくて、もう、二度と思い出したくない」といった大きな出来事は、無理に触れることはありません。

日常の、ほんの軽い悩みで十分なのです。

たとえば、あなたが職場の同僚との人間関係で悩んでいるとします。その彼が、

「その作業はまだ、しなくていいんじゃないの？」

と口を出してきて、あなたは、ちょっと不快な気分になりました。

それでも、何事もなかったような顔をして、

「ああ、そう。わかった。じゃあ、これは、後にする」

そう答えつつも、あなたは、

「いつも私がすることにいちいち口を挟んでは、否定してくるんだから」

と腹を立て、同僚を心の中で、責めています。

どうですか。とても具体的ですね。

このように、一つの場面を、できるだけ具体的に思い出しましょう。できれば、こんな具体的な場面をいくつか、箇条書きに書き出してほしいのです。

ポイントは、一場面を、「具体的に書き出す」ことです。

たくさんの悩みの原因はたった一つ！

たとえば先の彼女は、
・休日に父親から「部屋が散らかっているから、片付けろ」と言われて、ムッ

としたけれども黙って片付けた

・恋人から「仕事があるので、会えない」と電話がかかってきた。「また約束を破って」と腹が立ったけれども、「わかった、いいよ」と返事をしただけだった

・友人から、映画を観に行こうと誘われた。その映画には興味が湧かなかったけれども「いいよ」と返事した

どの問題も、パターンが似通っていませんか？

そうですね。似通っているのも道理です。

心の中で不満を抱きながらも、黙って相手に従ってしまう。これが、彼女の「言動パターン」だからです。

あなたはこれまで、解決できないほどたくさんの悩みを抱えていると、思い込んでいました。ところがこの例のように、あなたが書き出したいくつかの悩みを再確認すると、どうでしょう。

実は、自分のある一定のパターンが、悩みをつくり出していたのだと、あなたは気づくに違いありません。

✦もっと「自分中心」で発想してみよう

こうなったのは全部「あの人のせい」？

「えっ？　悩みは、自分でつくり出してるって、いうのですか」

ええ、そうです。

それを、先の例で考えてみましょう。

どんな言動パターンが推測できるでしょうか。

このとき注目してほしいのは、決して相手の言動パターンではありません。**「私の言動パターン」**です。

「えっ？　でも、意見を押しつけてくるのは同僚なんだから、彼のほうが悪いんじゃありませんか」

と、あなたは考えるかもしれません。

こんなふうに「相手の言動」のほうに目を向けてしまうのを、「自分中心心理学」では、**〝他者中心〟**と呼んでいます。

「私が変わる」が一番の近道

同僚のほうに目を向けると、確かに、同僚の思いやりのなさが、こんな問題を起こしているとも、言えるでしょう。

でも、その関係を成立させているのは、その同僚だけでしょうか？

違いますね。

この事例で言えば、押しつけがましい同僚に対して、「心の中で不満を抱きながら、黙って従っている私」がいます。

しかも、何もなかったように平気な顔をして。

つまり、傷ついているのに、**「傷ついていないふりをする私」**がいるのです。

あなたにとって、相手のことよりも、こちらのほうが、より重要なのではない

自分の気持ちを無視していると……

でしょうか。

しかも、実は、あなたのこんな言動パターンが、問題を引き起こしているとしたら、どうでしょう？　このようなことは、誰とでも、どこにいても起こる可能性があります。

「職場を変わったら、また、同じようなことが起こっちゃった。私って運が悪いなあ」

「前も、人間関係でもめたけど、また、似たような人と出会って悩んでるんだ」という声を聞いたことがありませんか？　それは、こういうことだったのです。

だとしたら、**相手に変わるように求めるよりも、自分のために、自分を育てる**ほうが、悩みを解消する早道だと思いませんか？

これが〝**自分中心**〟の発想です。

しかも、自分を育てるのですから、育てがいがあるというものです。

「考える」より「感じる」でうまくいく

「これでいいのだろうか」という迷い

こんなふうに、ある一場面を、ていねいに具体的に観察して初めて、自分の言動パターンが見えてきます。悩みを解決する糸口が、ここにあるのです。

「でも、悩みって、人間関係の悩みもあるけど、進路や職業を決めるときのように、私的な問題で悩む場合もあるでしょう」

それは、どんな悩みですか?

「たとえば、私は、自分が何をしたいのか、わからないんですね。進学のときもそうでした。就職を決めるときも、これでいいんだろうか、もっと自分に合った仕事があるんじゃないだろうか、ってさんざん悩みました。

細かいことで言うなら、今日のお昼、何を食べようかって、そんなことでも悩んでしまって、決められないんです。何が食べたいんだろうって、自分に聞いても、食べたいものが浮かんでこないんですね」

といった相談も、よく受けます。

もしあなたが、そんなふうに悩んでいるとしたら、どんなにあなたが自分の心を知ろうとしても、

「あっ、私は、こんな仕事がしたい！」

と、目を輝かせて選ぶことはないでしょう。あるいは、

「わあ、もう、すっごくお腹すいちゃった。これ、これっ。私、これが食べたい！」

心から食べたいという、そんな欲求は湧いてこないでしょう。

それは、まさにあなたが自分で言っているように**「これでいいのだろうか」というう迷いの言葉が、あなたを迷わせてしまう**からです。

人間関係以外の悩みも根っこは同じ

「こんな決め方でいいんだろうか」

「もっと、違った選択肢があるんじゃないだろうか」

「私にとって、どっちがいいだろうか」

「この選択は、正しいのだろうか」

いま、こんな言葉を口に出すと、あなたは、どんな気持ちになりますか？

すでに心の中は、〝迷い〟の気持ちでいっぱいになっているに違いありません。

これも、迷ってしまう人たちの特徴的な「思考パターン」です。

「いつも、堂々巡りに陥ってしまうんです」という人は、絶えず、こんな思考をしています。

でもあなたが、このような言葉を頭の中でつぶやいているとき、あなたは、**〝自分の気持ちや感情〟**に気づいていますか？

「えっ？ 感情って？」と、いま、頭の中で、「？」マークが浮かんだり消えたりしている人はいませんか？

もし、そうだとしたら、あなたは、おそらく、自分のほんとうの気持ちや感情に気づいていないでしょう。

ほんとうに「感情レベル」で納得してる？

たとえば、

「私にとって、どっちがいいだろうか」

このつぶやきは、〝思考〟ですね。

「私は、これがしたい！（あるいは、したくない！）」

これが〝感情〟です。

両者を声に出して読んでみると、その違いが実感できるでしょう。

あなたは、自分では、適切な判断をしようとしている〝つもり〟です。

けれども、**自分の気持ちや感情を脇に追いやったままで、適切な判断をすることはできません。**なぜなら、あなたの〝感情〟がそれに抵抗するからです。

迷ったとき、頼りになるのは「私の気持ち」

私の感情
・したい
・したくない
私の思考
・したほうがいい
・どっちがいいだろう
スッキリ！
もや　もや
納得できる
感情が抵抗して
納得できない

思考で決めようとしても、感情が納得しません。どんなにその判断が正論だとしても、私たちは誰もが、感情が納得しなければ、動きません。

自分の感情に気づかない。まさにこれが、堂々巡りの元凶の一つなのです。

「私」が満足できる！　一番シンプルなコツ

これ以上「ムダな悩み」はつくらない！

あなたがさまざまな問題で悩んでいるとき、あなたは、

「それは、私にとって、正しいことなのだろうか、間違っていることなのだろうか」

「それは、悪いことだろうか、良いことなのだろうか」

「私の将来にとって、どっちがいいのだろうか」

「私は、どの道を進むべきなのだろうか」

「どっちを選択したほうが、より適切なのだろうか」

などといったものを選択の基準にして、物事を決めようとしていませんか？

もしそうだとしたら、ここで、頭と心を一新させましょう。

周囲の人たちは、こう言うかもしれません。

「なに迷ってるの。いい条件じゃない。ずっと順調にやってきたんだから、このままでいいじゃない。それぐらいのことで悩んでいたら、キリがないわよ」

でも、そんな一般常識的な意見に、耳を傾ける必要はありません。

自分の気持ちを無視して、人の言動を気にしていると、よけいに無駄な悩みが増えていきます。

もっと、シンプルに、シンプルに考えましょう。

あなたがそれを選択した結果、あなたがそれに満足していれば、誰がなんと言おうと、あなたにとって、それは適切です。

逆に、あなたがそれを選択した結果、あなたがそれに不満足であれば、誰がなんと言おうと、あなたにとって、それは不適切です。

〝自分中心〟になって、「私の気持ち感情、そして意志」を基準にする。

これを法則としましょう。

確信を持って言います。これだけで、いいのです。

いまのあなたに必要なのは、これ！

世の中の常識
他人の意見
たったこれだけでいいの？
いーんっ
いーんです♡
私の気持ち
私の感情
私の意志

毎日が「したい」「ほしい」「好き」でいっぱい

「わあ、私、これがしたい！」

「私、これがほしかったんだ！」

「わあ、私、この色、大好き！」

「そうなの。私、これをしているときって、最高に楽しい！」

「あなたと一緒にいると、私、とっても、幸せ！」

こんなセリフを言葉にすると、あなたは、どんな気持ちになるでしょう。

心が弾みませんか？

好き。大好き。気持ちいい。気分がいい。最高。

楽しい。うれしい。幸せ。愛してる。

うーん満足。ほっとする。心が軽くなる。

これって、すべて、感情ですね。

こんなプラスの気持ちになるのは、あなたが、そう感じることを、あなた自身が心から認めているからです。

つまり、それは、あなたが「自分を愛している」状態なのです。

でも、あなたが悩んでいるときは、そうはいきません。

自分が悩んでいるときは、こんな状態から外れていきます。

あなたがもし、自分の気持ちや感情を無視して、意に染まないことをしているとき、どんな気持ちになるでしょうか？

つらい。苦しい。悲しい。きつい……。

悩みの始まりです。心の中で、あなたは、さまざまな思いを抱えながら我慢します。つまり、それは、自分を「愛していない姿」です。

悩みを、こんなふうにとらえると、悩みというのは実は、「私が、私を愛していないときに起こる」と言えるのではないでしょうか。

自分中心心理学では、ズバリ、

「悩むのは、自分を愛し足りないから」

というふうにとらえるのです。

✦ あなたは悩むのが「好き」？「嫌い」？

「楽になりたい」「幸せになりたい」はずなのに……


多くの人が、悩みを解消したいと思っています。幸せになりたいと願っています。

あなたも、

「私は悩みから解放されたい。楽になりたい。幸せになりたい。人生を、明るく、活き活きと生きたい。したいことを、自由にしたいようにできる自分でいたい」

などと〝私は思っている〟と信じているでしょう。

「ん、んっ？〝思っている〟とか、〝信じている〟って、どういう意味ですか？

それって、**ほんとうは、幸せになりたいって、思っていない**って言っているように聞こえますが……」

解釈の仕方では、そうですね。

筆者である私は、悩みを軽くとらえてほしいという思いを込めて、よく、

「みんな、悩んでいるのが好きなんですよ」

という言い方をします。

あなたをからかっているわけでも、バカにしているわけでもありません。読み進めていただければ、それを〝実感する〟でしょう。

「悩んでいるのが好き」とは、どういうことなのでしょう?

時折、相談者の方に、

「悩みが消えたら、あなたはどうなると思いますか?」

と尋ねたりします。

すると、たいてい、こんな答えが返ってきます。

「楽しく仕事をしています。みんなと、仲良く楽しくやっています。活き活きと、したいことをしています。張り切って、バリバリ仕事をしています。大きなプロジェクトを任されて、自信を持って取り組んでいます」

「悩みが解消すると、それらができると思いますか？」

「ええ、できると思います」

「では、あなたのいまの職場や、いまあなたが悩んでいる相手や恋人や友達に対して、それがイメージできますか？」

「そんなふうに、できるとは思いません。そんな気持ちにはなれません」

これが、ほんとうの思いなのです。

悩みがなくなるのはなんだか「怖い」!?

実のところ、このような人は、心の奥底では「悩みが解消するのを恐れている」と言えるでしょう。無意識のレベルでは、**「悩みが解決しては困る」**と感じているのです。

「うーん、わかったような、わからないような……」

それでは、先のやりとりを、こういうふうに書き換えてみましょう。
・やる気を出して、楽しく、張り切って、バリバリと仕事をしなければ**ならない**

・みんなと、仲良く明るく、楽しくつきあっていかなければ**ならない**
・情熱を持って、活き活きと生きていかなければ**ならない**
・やりがいのあるものを見つけて、それに没頭し夢中にならなければ**ならない**
・大きなプロジェクトに自信を持って取り組み、リーダーとして信頼され、失敗せずに、必ず成功させなければ**ならない**

どうでしょう。落ち込んでいるとき、悩んでいるとき、こんな文章を読むと、どんな気持ちになりますか？

「わあ、どんどん自信がついてきて、やる気が出てきた」

とはならないでしょう。

「ああ、もう、イヤ。考えたくもない。逃げ出したい」

無意識に、こんな恐れを抱くでしょう。

にもかかわらず、このような人は、悩みが解消すると、無意識に、「こんなことができる、完璧な私でなければならない」と考えてしまうのです。

ほんとうは「望んでいないこと」なのに、それを「自分の理想的なあり方」と信じているのです。

そもそも、こんな望んでもいない自分になることが、イコール「悩みが解消した状態」と思い込んでいることが、間違っていると思いませんか？

そして、あなたの無意識はこんなメッセージを発しています。

「悩みが解消してしまったら、こんなふうに〝しなければならない〟のか。あー、苦しい。だったら、悩んでいたほうが、まだマシだ」

「悩みが解消するのを恐れている」とは、こういうことなのです。

ほんとうは私、どうしたいんだろう

いつだって「無意識」はあなたの味方

あなたの抱く悩みを、無意識の観点からのぞくと、このように、「悩みを持つ」という状態は、あなたの無意識が、あの手この手を使って、さまざまな〝あなたの恐れ〟からあなたを守っていたり、〝あなたの無意識の願い〟を叶えていたりしているということなのです。

たとえば、あなたが**「みんなの輪の中に入れない」**と悩んでいるとします。

職場で、みんなが一緒に食事に行ったり、休憩時間に楽しそうに談笑していると、うらやましくなります。プライベートでは、親友と呼べる人もいません。

あなたは、「ほんとうは仲良くしたいのにできない私」を責めたりします。ときには、自分が仲間はずれにされているように感じて、気づくと、周囲の人を責めていることもしばしばです。

このときあなたは、顕在意識では**「仲良くしたいのに」**と思っています。

正確には、「仲良くしたいと思っている」と思い込んでいます。

ところが、無意識のあなたは、そうは思っていません。

あなたはほんとうは、「仲良くしたい」どころか、「人が怖い」と思っています。

あなたが抱いている実感レベルでは、

「人が怖いから、人が自分に寄ってきてほしくない」

と望んでいるのです。この「怖い」という、あなたが感情のレベルで抱いている実感のほうが、本物です。

「えっ、でも、私、寂しいから、ほんとに、人と仲良くしたいと思ってますよ」

ええ、そうでしょう。

では、いま、あなたに、近所の人が挨拶しました。どうしますか？

「私もふつうに挨拶を返します」

それは、できるんですね？

「もちろんっ」

じゃあ、その人が、立ち止まって、挨拶だけでなく、あなたに話しかけてきました。どうしますか？

「話をします」

ここまでは、できますね。

こうすれば解決のヒントが見えてくる

では、いつまで話をしますか？

話が途中で、途切れたら、どうしましょう。

話をするのが、嫌になったり、つらくなったり、苦しくなったりしたとき、あなたは、どうしますか。

あなたは話をやめたくても、途中で、相手の話を遮って断ることができません。

話をしているその時間が、苦痛で苦痛でたまりません。

明日も、その人とは、顔を合わせます。

明後日も、明明後日も、その後もずっと……。

この息苦しい関係とその時間が、永遠に続きそうな気分になってきます。

あなたの無意識は、あなたが想像する以上に賢く、聡明で有能です。その能力は、無限大です。当然のことながら、あなたの未来も軽々と、予測できます。

あなたが挨拶したとき、足を止めて、「挨拶をする以上の関係」になると、あなたがどうなっていくかが、わかっています。

そうなるのが〝**こわい**〟。

「だったら、いっそのこと、最初から、人を寄せつけないほうがいい」

とばかりに、実は、さまざまな方法で、人を寄せつけないでいたのは、あなた自身かもしれないのです。

顕在意識では「仲良くしたいのに」と思っていても、無意識のほうが、もっとあなたのことを知っていて、あなたを、自分を守ろうとしてくれていたのです。

✦ これからは「私の心」は「私」が守る！

悩みは「もっと自分を大切にしなさい」というメッセージ

こんなふうにとらえると、悩みは、ほんとうは、自分を守るために起こっているのだとも言えます。あなたの顕在意識が、それに気づいていないだけなのです。

言い換えると、

「悩みは、私を守るために起こっている。つまり、愛するために起こっている」

だから、自分中心心理学では、悩みは「私を愛し足りない」という、無意識からのメッセージと考えます。

ですから、とても深く悩んでいる人は、それだけ、自分を愛してこなかったということですね。

愛してこなかったことが、まだ、数えきれないほど傷になって、残っているということですね。

先の「私は人づきあいが怖い」というケースで言うと、「自分を愛し足りない点」は、どこだと思いますか？

「…………」

と、あなたがすぐに答えられないとしたら、やっぱり、いまのあなたは、自分を愛し足りないということです。

では、どこが「自分を愛し足りない点」でしょうか。

それは、「みんなと仲良くしたい」と考える手前の自分の気持ちです。

それを、あなたが無視している、という点です。

「人と接するのが怖い」。あるいは「人と話をするのが苦痛」。

そんな、あなたのほんとうの気持ちを、あなたが無視している。これが「愛し足りない点」です。

私を「愛せば愛すほど」悩みは消える!?

では、この例で言うと、「私を愛する」とは、どういうことを指すのでしょうか？　それは、

「私は、人と接するのが怖いんだ。人と話をするのが、苦痛なんだ」

そんな自分の気持ちを認める。つまりそんな自分の気持ちを愛してあげることです。

もちろん、「仲良くしたい」という気持ちもあります。

でも、その「仲良くしたい」は、自分の気持ちを愛してあげた後でのことです。

「私を愛する」ためには、**この2つの願いを、気持ちよく叶えてあげる**ことです。

まず、「人と話をするのが苦痛」という自分の気持ちを愛してあげるために、

「私は、わざわざ、立ち止まってまで話をしない」

「仲良くしたい」という自分の気持ちも愛してあげたいので、

「私は、挨拶だけしよう」

この2つを、心から、気持ちよく決めることです。

これが、自分を愛するということです。


こんなふうに、悩みがあると、**自分がどこを愛していないか**が、わかります。

悩みがないと、自分の愛し方のポイントすら、知ることができません。

それを知るために、無意識は、悩みという形で、あなたに「私を愛するためのメッセージ」を送っているのです。

「悩むのは、私を愛し足りないからだ。私を愛することができれば、悩みは、消える」

ただ、まだあなたは「自分の愛し方」を、具体的に知らない点が、たくさんあるでしょう。

でも、それは、これから学べばいいだけです。

このようにとらえると、もっと、自分を愛したくなりませんか？

「軽い挨拶をするだけ」の関係も、アリ

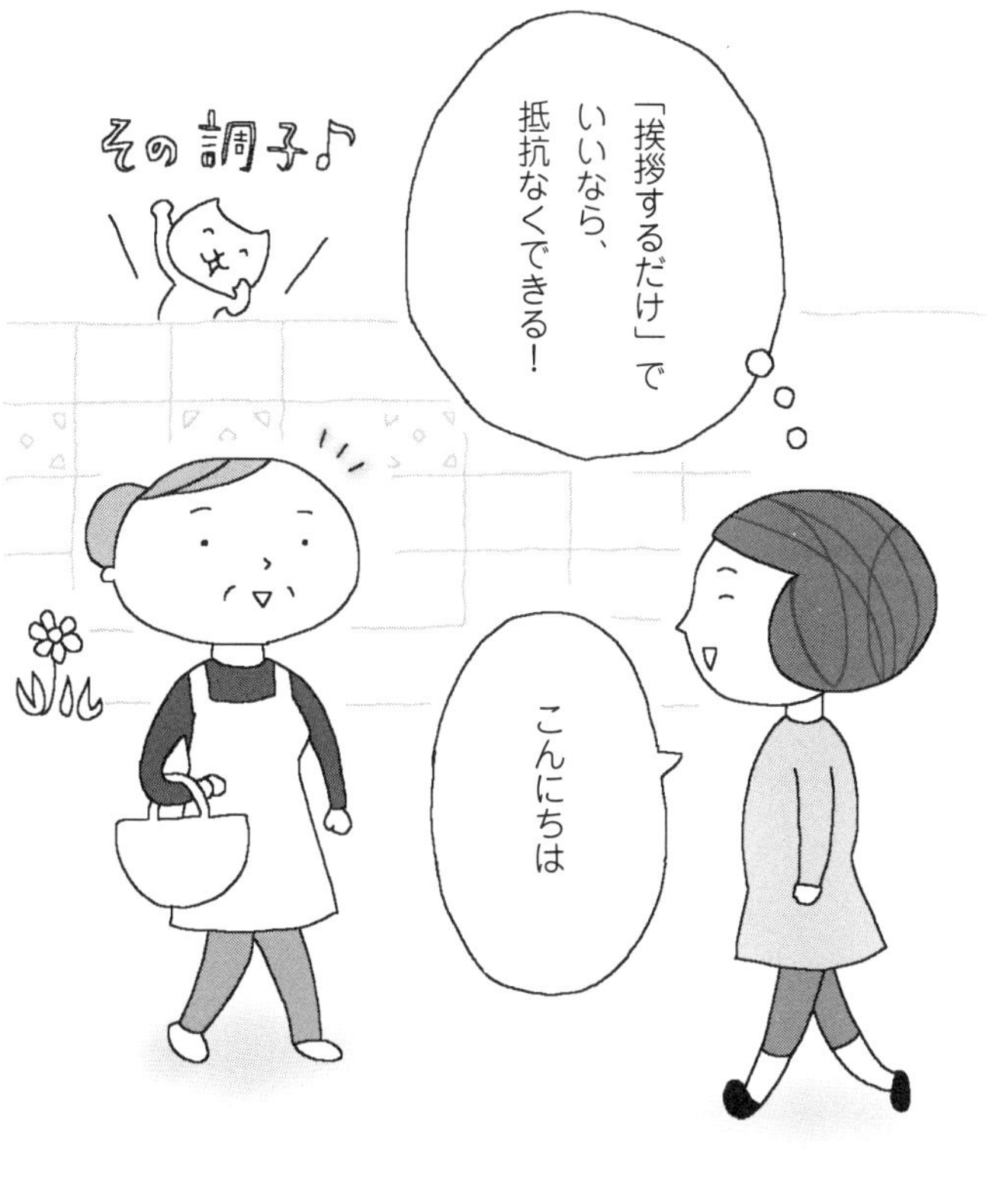
「挨拶するだけ」でいいなら、抵抗なくできる！
その調子♪
こんにちは

もっと、自分のために悩みを解決したくなりませんか？
自分を育てるために、行動したくなりませんか？

さらに、そうやって自分を愛するために行動することが、自分を守るためであり、また、自分を解放することにもつながっていくのです。

2章

「自分中心」で悩みはどんどん減っていく

「私」を楽にするだけでいい

「自分中心」と「自己チュー」はどう違う?

「自分を愛する」という点は似てるけど

「自分を中心にして、自分を愛するだけでいいなんて。そんなことしてたら、人とうまくやっていけないんではないでしょうか」

もっともな質問です。

いわゆる自己チューの人だとそうですね。

人に何と言われても平気。身勝手、わがまま。厚顔無恥で無神経。強引、傲慢、横柄。そんな人、確かにいますよね。

彼らは、ちょっと見た印象では、人目を気にせず、マイペースで、自信家のように映ります。けれども、自己チューのそんな態度こそ、**「人が怖い」**という他者中心意識の典型的な現れなんです。

たとえば、

（これ、どうすればいいでしょうか）

「そんなこと、俺に聞く前に、もっと自分で考えろ」

（この件は、こんな形にしました）

「勝手なこと、しないでよ。する前に、ちゃんと、私に相談しなさいよ」

（ちょっと、体調が悪いんです）

「日ごろから、ちゃんと自己管理しておかないからよ」

（お腹がすいたわね）

「俺、食ったから」

（この前、上司に注意されちゃった）

「自業自得だろ」

こんな会話、聞いていて、どうですか？　相手の話をバッサリと、刀で斬るように、切り捨ててしまっています。

他人は決して「敵」ではない

どうして、こんなふうに、とりつく島もないような態度をとるのでしょうか？

それは、他者を敵だと認識しているから、人が怖いのです。とりわけ自己チューの人は、人に侵入されるのを、とても恐れています。人の心をバッサリと斬るその態度は、**人を警戒して恐れ、心を閉ざしている状態**なのです。

けれども彼らは、「人を怖いと思っている自分」を、自分自身が認められません。

自分を弱い人間だと思いたくないし、また、それを認めると、

「バカにされる。甘く見られる。弱みを見せるとつけこまれる」

などと信じています。

強く拒否しないと、自分の道を邪魔される、阻まれると思い込んでいます。

そこには、傷つくのを極端に恐れ、人を気にするあまり、自分を過剰にガードしている姿があります。

では、先の一例で言うと、自分中心の人は、どんな会話になるでしょうか？

「自己チュー」の人…自分を過剰にガードする

これ、どうすればいいでしょうか？
聞く前にちょっとは自分で考えなさいよっ
ドキドキ
私のこと、甘く見てるんじゃないの？

「自分中心」の人…相手の求めに具体的に応じる

これ、どうすればいいでしょうか？
どこがわからないの？

相手が、「これ、どうすればいいでしょうか」と聞いてきました。

「ああ、これか。どこがわからないのかな？」

「ここの、この点です」

「ああ、そうか。この箇所は、こんな形にしてやってみてよ。この点は、僕ではわからないから、Aさんに聞いたほうがいいね」

などと、具体的にとらえて対処できます。

自己チューの人や他者中心の人の目には、この「具体性」が見えません。相手に尋ねられても、具体的に対処する能力に欠けています。この「具体性」は自分中心でないと、育たない能力です。

と同時に、それを〝具体的に表現して相手に伝えるスキル〟も知りません。

バッサリと相手との関係を切ってしまおうとするのは、相手を遠ざけるためです。こんな恐怖を抱えている人は、ほんとうの意味で、自分を愛しているとは言えない状態なのです。

いまこそ「私」が心地よい生き方を選ぶ！

要するに「自分中心」ってどういうこと？

自分中心の生き方と他者中心の生き方では、正反対の人生になってしまいます。他者中心の生き方は、自分を苦しくさせます。言うなれば「苦あれば苦あり」の人生にしていきます。

自分中心の生き方は、自分を楽にさせて生きます。言うなれば**「楽あれば楽あり」**の人生にしていきます。それは同時に、さまざまな問題や悩みからの解放です。

では、自分中心と他者中心とは、どこがどう違うのでしょうか。

「自分中心になりましたが、どうも、うまくいかないです」

「いま、自分が、自分中心になっているのか、他者中心になっているのか、これでいいのかどうかが、わかりません」

「自分中心になるには、どうしたらいいですか」

という声をしばしば聞きます。

自分中心には、もちろん、基本的概念はあります。

けれども、テストのように、100点取ったから自分中心で、99点では、まだ、他者中心というふうに、「ここからは自分中心で、ここまでは他者中心」という厳密な境界線があるわけではありません。

自分中心というのは、固定したものではなく、状態を指すものです。

気になるなら「その場で言う」がベスト

その例として、自分中心を実践している人から、こんなメールをいただきました。

「先日、電車待ちの時間をどうしようかと、改札近くの喫茶コーナーに立ち寄りました。

なんか気になる。でも……

あれっ？やだ
フチが欠けてる
どうしよう、
取り換えて
もらおうかな
でも、
「たかがそんな
ことで」って
思われそう…
モヤ
モヤ
モヤ
モヤ
ごゆっくり
どうぞ

店員さんが2人いて、ひとりがコーヒーを入れてカウンターに置いてくれました。

カップを見ると、縁が欠けています。

『どうしよう、交換してもらおうか……』

と迷っていると、もうひとりの店員さんに、

『（なんで飲まないのっ）どうぞ‼』

と、きつい口調で言われてしまって、つい、口をつぐんでしまいました。

次にこういう場面にでくわしたなら、

『縁起が悪い感じがして、どうしても気になるからカップを換えてくださる？』

と言おう。そう決めて、頭の中でその言葉を練習して、その場を去りました。

実際には、その場では言えなかったのですが、次の対策を考えられたので、その後、気持ちを切り替えることができました。

これからの目標は『その場で言う』ことです。

相手が誰であれ、言える。

いままで、『**そんなことをすぐに言える人は、生まれつきなんだ**』と、憧れのよ

うな感じで見ていた私がいます。

いまは、私もそうなれると信じています。

周りを傷つけることなく、主張できたら素晴らしい。

マイペースでやっていこうと思います。」

「次は、こうしよう」と決められるだけでもOK

こんなとき、他者中心の人は、

「お店の人に、たったこれぐらいでと、白い目で見られるんじゃないか」

「少しぐらい欠けていたって、飲めるんだから、いいじゃないか」

「これぐらいで言うと、お店の人に手間をかけて悪いから」

などと、さまざまに思いを巡らします。

けれども、そうやって相手のことに囚われたり、自分に言い訳するので、自分の気持ちは、すっきりしません。

あるいは、

「一流の店は、こんなことはない。だから、二流なんだ」

などと、勝手に腹を立てながら、心で文句を言いつつ我慢するかもしれません。

もしそれを言うとしたら、強い口調で、

「ねえ、これ、どう思う？　換えてくれない？　ほら、すぐにやってよ！　まったく。ねえ、あなた、客商売っていう自覚がないんじゃないの。こんなことしてたら、店、つぶれるわよっ」

確かに、黙って我慢するよりは気が晴れるでしょう。けれども、こんな攻撃的な言い方ばかりしていては、争いの火種をあちこちに巻き散らかしているようなものですね。

一方、この例の彼女は、自分を中心に考えています。

まず、自分が「このカップで飲むと、気分が良くない」という、自分の感情に気づきました。

次に、彼女は、自分のその感情を「大事にしたい」と思いました。つまり、自分の気持ちを愛するということですね。

結局、言えないのですが、「なんて、私はダメなんだ」などと自己否定したり、悲観したりしません。それは、**「次に言えるようになりたい」という自分を大事にする目標を立てた**からです。

彼女はこのとき、「言えなかった自分の弱さ」を認めています。認められるからこそ、「今度は、こうしよう」という気持ちになれるのです。

また、「次に、こうしよう」と決められたからこそ、自分の中に生じた不快な気分を切り替えることができたのです。

こんなふうに自分の気持ちや感情を基準にして、「自分を愛するために、自分を守るために、自分を育てるために、感じたり、考えたり、決意したり、行動したりする」

こんな自分中心であろうとし続ける姿勢と、その状態が「自分中心」なのです。

✦「他者中心」だと身も心もヘトヘトに……

「相手を責める口調」になっていませんか?

同じ場面でも、自分中心の言い方をするか、他者中心の言い方をするか。それによって、まったく違った結果になってしまいます。

たとえば、約束の時間を守らない恋人に対して主張するとき、他者中心だとこんな言い方になるでしょう。

「どうしてあなたは、いつも、時間を守らないの。この前も、その前も、そうだったでしょう。もう、何度言わせたら気が済むのよっ。別れたいからわざとやってるの!」

あなたが、こんなふうに言われたら、どんな気持ちになりますか?

悪いなと思っても、反発したくなって、謝りたくないですね。

他方、自分中心だと、こんな言い方になります。

「うーん……、私、いま、泣きたい気分だよ。あなたに何かあったのかなと心配したり、私たち、もう無理かなって気持ちになったりして、自分がバカみたい。『いいよ』って許す気持ちには、とてもなれないよ。このまま一緒にいても、気持ちを切り替えることができないから、今日は、帰るね」

これは、聞いていて、どうですか？

悪かったなあ。傷つけちゃったなあ、と思って、謝りたくなります。今度から、ちゃんと時間を守ろうという気持ちにもなりますね。

知らぬ間に自分の心とからだも傷つけてしまう

では、もう一度、別の視点で。今度は、言われる立場ではなく、あなた自身が言っている立場になってみましょう。

実際に、声を出して、他者中心的に言っている自分の言葉が、あなたの「心とからだにどう響くか」。それを感じてみてください。

「もーう、いちいち、いちいち、うるさいんだからあっ！　自分でやるって、言ってるでしょう。どうして、いっつも、人のやることに文句ばっかり言うのよ。いい加減にしてよっ。もう、うんざりだって！」

「この前頼んだあれ、やってくれた？　えっ。まだなの。今日までって、あんなに念を押したのに、どうしてやってないのよ。できるって、あなたが言ったのよ？できないんだったら、最初から、引き受けなきゃいいじゃない」

どうですか？

言っているとき、あるいは言い終わったとき、あなたは、どんな気持ちになっていますか。言わずに心の中で相手を責めたりしていても、同じです。

こんなとき、あなたが感じているのは、**不安、焦り、恐れ、悲しみといった、さまざまなマイナス感情**です。なかでも、とりわけ感じているのは、〝無力感〟です。

毎日、毎日、こんな言葉で周囲の人たちを責めたり、心の中でつぶやいていたら、身も心もヘトヘトに疲れていくでしょう。

気づいてほしいのは、こんな他者中心の意識やその言い方が、どれだけ、あなたの心とからだを傷つけているかということです。しかも、こんな他者中心的な視点では、悩みを解決する糸口すらつかめません。

実際に攻撃的な言い方をして争いになれば、さらにあなたは傷ついて、自分に、恐怖心をインプットすることになります。心の中が、不安や恐れや無力感でいっぱいになれば、主張することすら怖くなっていくでしょう。

そんな感情を抑えて平気なふりをして、やり過ごそうとすればするほど、あなたのマイナス感情は解消されずに増大していきます。

「自分の気持ちや感情が、わからないんです」という人がいるように、自分の気持ちや感情を抑えすぎて、感じることに鈍感になっていくと、いっそう、正体不明の感情に苦しむことになるでしょう。

「いつも焦る。いつも不安。いつも怖い」と言って悩み苦しむのは、その時々に感じる感情を無視したり、やり過ごしたりして、解消できずに蓄積させていった結果だと言えるのです。

✦ 不安、焦り、恐れ、どんな感情も否定しない

「こんなに苦しむならもう何も感じたくない」!?

「だから感情って、やっかいなんですよね」

えっ？　ほんとうに、そうでしょうか？

それは、あなたが、感情を、とりわけマイナス感情を〝悪い〟と、とらえているからではないでしょうか。

マイナス感情には、さまざまな感情があります。

不安、焦り、苛立ち、怯え。怒り、憎しみ、恨み。

無力感、疎外感、虚無感。

悲しみ、そねみ、ねたみ、罪悪感などなど。

そして、その最たるものが、もろもろの〝恐れ〟でしょう。

でも、これらの感情を、どうしてあなたは、悪い感情だと思うのでしょうか。

マイナス感情が苦しいからといって、どうして毛嫌いするのでしょうか。

「こんなに苦しいんだったら、いっそ、何も感じないほうがいい」などと、思う人もいます。

でも、マイナス感情は、わけもなく、いきなり起こるわけではありません。あなたが、そんな気持ちになるのには、**何らかの理由や原因がある**はずです。しかもそれは、あなたが、自分を愛していないことに起因しています。

もしかしたら、あなたは、その理由や原因に、気づいていないかもしれません。

でも、仮にわからないとしても、あなたの無意識は知っています。

どうでしょう？

こんなとらえ方をすると、マイナス感情というのは、決して、悪いだけの感情ではない、と思いませんか？

心の痛みは「必要だからこそ」起こっている

そもそも、感情に、悪いも良いもありません。必要だから、あるのです。

たとえば、肉体が傷つくと、その箇所が痛みます。それこそ、あなたもご存知のように、肉体の痛みは、さまざまです。でもそれは、そんな痛みによって、どこが悪いかを、肉体が教えてくれているからです。

肉体が痛むのは、そこが傷ついているからです。痛み方の違いによって、どこを患っているかもわかります。

そして、患部が治っていけば、痛みは消えます。でも、まだ治っていないときに、痛みをこらえながら、その患部を無理に動かしたり、酷使したりすれば、もっと悪化するでしょう。

マイナス感情も同じです。

あなたがマイナス感情を抱いて、その感情に苦しむのは、あなたの心のどこかが、傷ついているからです。

それを抑えようとしたり、毛嫌いするということは、あなたが、あなた自身の心にひどい仕打ちをしていることと同じです。

とくに、無視するというのは、自分自身への冒涜です。

ちょっと激しい物言いになりましたが。でも、無視というのは、自分の感情の存在そのものの否定です。

相談者の方々から、よくこんな話を聞きます。

「ポジティブシンキングをしていたら、苦しくなってしまいました」

「何でも、良いふうに考えようとしていたら、いきなり、猛烈に腹が立ってきて、どうしようもありませんでした」

当然ですね。これは、自分のマイナス感情を無視してきた、結果です。肉体の病気で言えば、痛みを無視して酷使したために、悪化してしまったような状態です。

でも、あなたの中に起こるマイナス感情は、それが、必要だから起こっています。

つらい気持ちを手放したいなら、まずはこれを否定しないで、受け入れることが大切なのです。

「マイナス感情」は逃げると追ってくる

「負のスパイラル」から抜け出すには？

これまで、マイナス感情が起こったとき、あなたは、その苦しさ、つらさのために、ついつい、それを避けようとして無視したり、抑えたり、止めようとしたりしてきませんでしたか？

マイナス感情も、あなたの心とからだの一部です。

それも、非常に重要な一部です。

マイナス感情が起こるときは、自分の無意識のところでは、何が起こっているのかわかりません。だからこそ、マイナス感情に、もっと理解を示し、それを受け入れてほしいのです。

「でも、嫉妬したり、憎んだりしてると苦しいから、やっぱり、抑えたくなります」

あまりの苦しさに、

「こんなにつらいんだったら、感情なんて、ないほうがいい」

などと憎々しげに言う人もいます。

「相手を憎んだり恨んだりしてるときって、とても醜いと思うんですね。ほかの人が、そんな感情をむき出しにしてくると、その人のことを、イヤだなって思いますから。自分がそんな感情を抱くと、自分にも自己嫌悪を覚えるんです」

と、冷ややかに言う人もいます。

けれども、そうやって、イヤな感情を退けようとすればするほど、そのマイナス感情に囚われていくでしょう。

自分の感情を、否定したり拒否したりすればするほど、その感情は、エスカレートしていきます。

そんなマイナス感情のスパイラルから解放される第一歩が、「自分の中に起こるどんな感情も、愛してあげる」ということなのです。

もっと自分で自分をいたわってあげよう

「でも、マイナス感情に囚われているときに、いったい、どうやって、受け入れることができるんでしょうか。どうすれば、マイナス感情を愛することができるんですか？」

と、ある女性が、矢継ぎ早に質問しました。

「マイナス感情を愛することができれば、消えてなくなるんですかっ」

その口調が、まさに、感情的でした。まるで、自分を否定されたような反応です。

感情を抑えて生きていると、知らず知らずのうちに身構えて、つい、感情的な言い方になってしまいます。そういう人こそ、自分の感情を愛してほしいのです。

それは、〝自分が自分をいたわる〟気持ちに似ています。

「私が感じているのは、正当な怒りだよ。当然だよ」

「腹が立っても、無理もないよ。ずっと、私は我慢してきたんだからね」

「憎んでもいいんだ。恨んでもいいんだ。こんな感情を抱いてもいいんだ。こんな気持ちになるまで、傷つけられたのだから」

「こんな環境で育ったから、無気力になってしまうのは、しかたがないよ。むしろ、よく、ここまでやってこれたと思うよ。エライ、エライ」

というふうに、言葉で自分をいたわることはできるはずです。

「ああ、こんな感じが、自分の感情を受け入れるということなんですね」

もちろん、それでマイナス感情が、きれいさっぱりとなくなってしまうわけではありません。

そもそも、マイナス感情を、この世から永久に追放するかのごとくに、感情を消そうとすることが間違いなのです。

「もう、昔のことは、水に流して」などと言いますが、記憶そのものを消すことはできません。思い出せば、やっぱり、胸が痛むでしょう。

でも、それを思い出したとき、「思い出すたびに、感情の波の幅が小さくなっていったり、痛みに打ちひしがれる時間が短くなっていく……」というように、次第に癒されていく自分を発見することができるでしょう。

私の「ほんとうの気持ち」はこれだった

母親との関係に悩むA子さんの場合

先の、感情的な言い方をしてしまった彼女は、実は、このとき、母親に対する怒りを抑えていました。

彼女の母親は、まるで彼女を監視しているかのように、口を挟んできます。

「まだ、お風呂に入ってないの。さっさと入らないと、お湯が冷めちゃうわよ。ほら！」

「いつまで起きてるの。明日休みじゃないでしょ。朝寝坊なくせに夜更かししてっ」

「あら、まだ、お部屋、片付けてないの。まったく、だらしないんだから」

「ほらほら、いつまで寝てるのよ。遅刻ばっかりしてたら、会社、クビになっちゃうわよ。いい歳して、ひとりで起きることもできないんだから」

母親の言うことはもっともです。

「どうして、ちゃんとできないんだろう」と、彼女は、自分を責めてしまいます。

でも、果たして、そうでしょうか？

母親は、とくに最近、結婚、結婚と、独り言のように愚痴をこぼします。

「自分の人生なんだから、もっと、真剣に考えたらどうなの。どんどん歳とっていっちゃうわよ。死ぬまで、独身でいるつもり？ いつまで親に心配かけるのよ」

仕事を辞めたいと言ったときも、そうだったと、彼女は、思い出しました。

「仕事がなくて悩んでいる人だっているっていうのに、なに、わがまま言ってるのよ。そんな調子じゃ、転職したって、勤まるわけないでしょう。それで仕事が見つからなかったら、一生、脛かじるつもりなの」

彼女は自分を責めながらも、無性に腹が立って、口答えばかりしています。

いまは、その争いにも疲れ果て、家族と食卓を囲んでいるときも、口をきかず、無視を決めこむことも、少なくありませんでした。

「相手が正しいかどうか」は関係ない

前章で述べたように、自分中心心理学では、「悩みがあるのは、どこかで、自分を愛し足りないから」というふうにとらえます。

悩みの中に、自分の愛し方のポイントが隠れています。

ただし、「悩み」というだけでは、あまりにも、おおざっぱですね。

より正確に言えば、このとき、自分の「マイナス感情」を基準にすると、愛し方の足りない点が、〝具体的〟に見えてくるのです。あなたの無意識は、自分を愛する方法を、具体的に伝えたいのです。

感情に目を背けていると、何が起こっているのか、気づきません。

たとえば、改めて、先の母親のセリフを、彼女の立場で聞くと、どんな気持ちになりますか？

母親の、話の内容はもっともです。

けれども、問題は、「それが正論かどうか」ではありません。

母親の、ほんとうの目的に気づいてほしいのです。

「悪いのは、あなたよ。あなたが、間違っているの。反抗するのはやめなさい。お母さんの言うことに、黙って従っていればいいの。あなたは、私が満足するように動いていればいいの。私が怒っているとしたら、あなたが、私をそうさせているんだからね」

母親の、感情的な言い方は、こんなふうに聞こえませんか?

実は、そうなんです。

叱ったり、責めたり、怒鳴ったりすれば、**「娘は、私の言うことを聞くだろう」**というわけです。

こうやって、相手を支配したりコントロールするために、彼女に口うるさく言ってしまう感情を自分中心心理学では「第二の感情」と呼んでいます。

もちろん母親は無自覚です。

「私は怒ってる。そして……」

だから、彼女が母親に対して、苛立ったり、腹が立つのは当然だったのです。

ところが彼女は、母親の言っている言葉のほうに気を奪われていて、自分の感情を信じていませんでした。

でも、もし彼女が、母親の言葉より、自分のマイナス感情を信じることができれば、「腹が立っている自分を認める」ことができるでしょう。そうすれば、あとは、素直に、自分の感情が願うことに耳を傾けてあげればいいだけです。


「この怒りは、どこからくるのだろう。何がつらいんだろう。どうすれば、私のこの感情を、解放することができるだろうか」


彼女にとって、それはこんな思いでした。

「ねえ、お母さん。いま、私、仕事のことで、あれこれ言われると、つらいんだ。仕事については、私自身が、ずっと、どうしようかって、悩んでるんだから。

「相手の言動」ばかり気にしていると……

「自分の気持ち」を伝えてみると……

私に合ってないんじゃないか、もっとほかにやりたい仕事があるんじゃないかと思ったり、でも私のわがままかもって、自分に言い聞かせたりもするよ。だけど、朝起きると、もう、行くのがつらいんだ。起きられなくなっちゃうんだって。私が悩むのが、悪いこと？　私がつらくても、お母さんの言うことに従わなければ、いけないの？　お母さんのために、我慢しなくちゃ、いけないの？

お母さんは、一度でも『そうだね』って、言ってくれたことある？　『あなたがしたいように、していいんだからね』って、言ってくれたこと、ある？　お母さんの、一言で、どれだけ私が傷ついてるか、わかってるの？

お母さんに言ったって、どうせ、反対するか、否定するだけじゃない。お母さんの一言で、どれだけ、私が傷ついているか、考えてくれたことある？

仕事も結婚も、私のことよ。私自身が、どうしていいかわからずに、不安で焦ってるのに。苦しくて、たまんないのに……。

もう、お母さんと争うのも、疲れちゃった。私にだって、お母さんを傷つけたくないって気持ちは、あるのに」

そう言い放つと、彼女の目から、大粒の涙がこぼれ落ちました。

それは彼女が、自分の感情を愛した瞬間でした。

それはまた、わだかまっていた感情を解放した瞬間でした。

これを自分中心心理学では、「第一の感情」と呼んでいます。

こんなふうに、**抑え込んでいた自分のほんとうの気持ちを表現すると**、心がほっとしてラクになります。からだの緊張が、ほどけます。

それは、「私を愛するための表現」だからです。

迷ったときこそ「私」が優先！

相手と私、どっちを選ぶ？

もし、あなたが「相手を傷つけたくない。私も傷つきたくない」という状態に置かれたとき、あなたは、どちらを選択するでしょうか。

「私は傷つきたくない。けれども、もしかしたら、私の感じ方や考え方が、間違っているのかもしれない。私が非常識なのかもしれない。私が身勝手なのかもしれない」

などと考えて、自分の感情を押さえ込んだりしていませんか？

「一般常識に照らし合わせて。みんなが言うから。みんながしていないから。あんな昔のことで、いまさら。こんな小さなことで大人げない」

といった理由で、自分の感情をねじ伏せたりしていませんか？

こんなときこそ、相手の気持ちや一般常識よりも、あえて、自分自身の気持ちを優先することに挑戦してみましょう。

仮に**あなたが自分のほうを優先することで、相手が傷つくことがわかっているとしても、**です。

ムリをしてもどこかに悪影響が出る

「みんなが自分を優先し始めたら、歯止めがきかなくなって、とんでもないことになりますよ」

それは、自分を優先できたときの満足を知らない人たちの発想です。

心から自分を優先するということは、自分を愛するということです。

たとえば、例の彼女は昨晩、母親と激しく争ってしまいました。

ひどく気分がめいって、仕事をする気になれません。

他者中心の彼女は、それでも我慢して出社しました。

職場で、母親とイメージが重なる上司が、雑用を彼女に回しました。

その言い方が「どうして、すぐに動かないの」と責められているような気がして、つい、反抗的な態度をとってしまいました。

上司は、明らかに、不愉快な顔をしました。

その表情に、彼女は、ますます、会社を辞めようかなどと考え始めていました。

というふうに、どんなに自分の感情を抑えても、どこかで、その悪影響が現れます。しかも、**マイナス感情を蓄積させていればいるほど、無意識に「人を傷つける言動」をとっていきます。**

あなたが相手にされた仕打ちと同じことを、無意識に、別の相手にしてしまうのです。

言い換えると、私たちは、それほど、「自分の感情をないがしろにしたくない」のです。それが解消しないと、解消しようと、無意識に働きかけるのです。

自覚していてもしていなくても、マイナス感情が蓄積されていると、どこかで、それを解消しようとするのが、私たちなのです。

だからこそ、マイナス感情を蓄積させないために、できるだけ早めに、小さいうちに手当して解消させたほうがいいのです。

「今日は会社を休みたい」なら……

他方、自分中心に変わった現在の彼女は、「自分のめいった気分」を大事にして、会社を一日、休むことにしました。

このとき彼女は、さらに〝気持ちよく、自分の部屋にこもろう〟と決めました。気持ちよくこもるか、うしろめたい気持ちでこもるかでは、雲泥の差です。前者は自分を愛しています。後者は、自分を否定しています。

そこで彼女は、気持ちよくこもるために、言葉で伝えようと思いました。

これは母親と戦うためではありません。「休む私」を愛するためです。

「こんな気分のままでは、とても無理だから、今日は、会社、休む。ひとりでいたいから、声かけないで。食事は、適当に食べるから」

ちょっとふてくされながらも、母親に、力強く〝しっかりと〟釘をさすことが

できました。それは、

「これからは、もっと自分の気持ちを大事にする。お母さんの言いなりにはならない。お母さんの感情のはけ口にはならない。お母さんの犠牲にはならない」

という、彼女の母親への〝独立宣言〟でした。

心の中で、彼女は、母親を傷つける恐れより、自分の感情を優先できた満足感で、いっぱいになっていました。

しかも彼女は、相手と争わなくても、自分を守る方法、自分を大事にする方法を知ったのです。

私、こんな「小さなこと」で悩んでいたの!?

このように、自分のマイナス感情を受け入れると、あなたの中で、信じられないほどの大きな変化が訪れます。

まず、あなたは、自分の感情をいたわりたくなります。

その心地よさから、あなたは、自分の感情を優先したくなるでしょう。

どうせ休むなら、気持ちよく休む

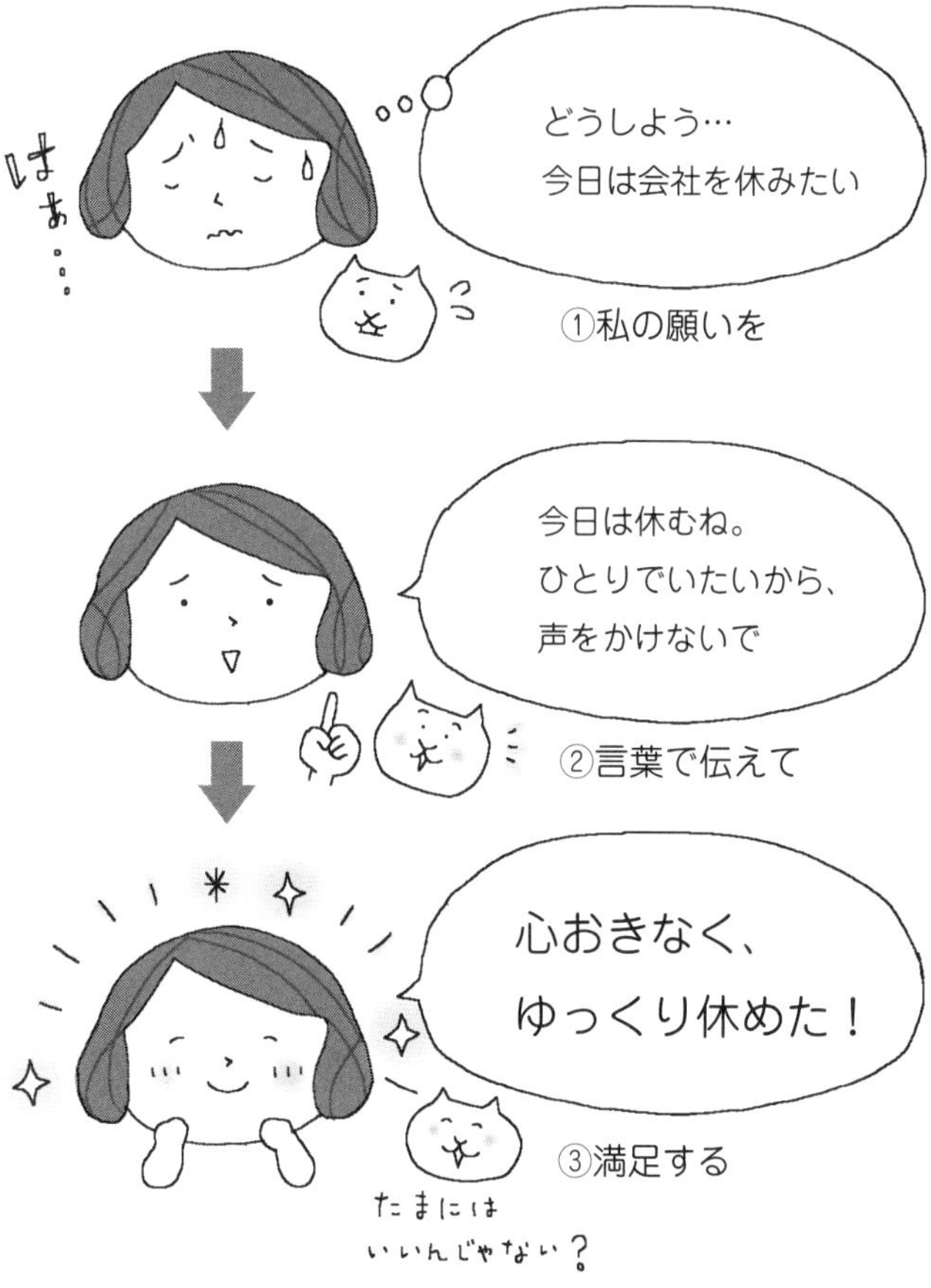
はぁ…
どうしよう…
今日は会社を休みたい
①私の願いを
今日は休むね。
ひとりでいたいから、
声をかけないで
②言葉で伝えて
心おきなく、
ゆっくり休めた！
③満足する
たまには
いいんじゃない？

さらに、自分のマイナス感情を受け入れると、自分を愛するために、行動したくなります。

「しなければならない」ではなく、〝したくなる〟というのが、ポイントです。

そして、自分を満たしてあげるために行動できれば、満足します。それは、自分を愛するための行為だからです。

それを気持ちよく実感できたとき、あなたは、愛の満足を得るでしょう。**満足するから、それへのこだわりが小さくなっていく**のです。

悩みが解消するというのは、つまり、満足するということなんですね。それは、自分自身を悩みから自由にしてやるということです。だから、自分が愛することが、同時に、自分を解放することになるのです。

あなたの無意識（本質）は、それを、心から願っています。本質は、誰よりも、あなたが、自分を愛してくれるようにと願っているのです。

3章 不安や恐れの中に解決のヒントは眠っている

「私」を認めるだけでいい

「～したいのに、できない」の堂々巡り

考えても考えても答えは出ない!?

最近、増えているのは「～したいのに、できない」という相談です。

「職場の仲間の輪の中に入りたいのに、できない」

「みんなと親しくしたいのに、できない」

「仕事をしたいのに、なかなかできない」

さらに多いのは、1章でも取り上げましたが、

「私は、これをしたいかどうか、わからない」

「この仕事が、好きかどうか、わからない」

「転職したほうがいいんだろうか」

「この人と、結婚したほうがいいかどうか、わからない」

「このまま、こんなことをしていて、いいのだろうか」

こんなつぶやきを、すればするほど、あなたの悩みは増えていくでしょう。なぜなら、こんなつぶやきそのものが、すでに「思考に囚われている状態」だからです。

すぐに思考に走る。思考に頼る。思考に囚われていく。

これは、いわば**「思考グセ」**です。

思考グセがついていると、とりわけ、「思考」と「感情」との違いがわからなくなっていきます。でも、心に深く刻んでいただきたいのですが、私たちの〝欲求や希望や願望や、とくに意志〟は、感情から生まれます。

思考とは、まったく別物です。

だから、自分の感情をなおざりにして、

「私は何をしたいんだろう。何を望んでいるのだろう。どう行動したいんだろう」

などといくら考えても、答えは得られません。逆に、堂々巡りの悩みを増やすだけとなるでしょう。

よくある「ボタンの掛け違い」

欲求や希望や願望や、とくに意志。こういったものは、頭で考えるものではなくて、「感じるもの」です。

ここでまた、あなたは、

「じゃあ、どうすれば感じるようになるんですか」

と、自動的に思考しませんでしたか？

そう。それが「思考グセ」です。

たとえば、あなたが「転職を、したいかどうか、わからない」と考えているとき、あなたは「転職」に囚われています。

「したいけれども、できない」であっても、同じです。すでにこの状態が、「感情を基準にしていない」ことの証明と言えるでしょう。

転職について囚われているあなたは、

「転職についての問題が解決さえすれば、あとは、うまくいく」

と信じています。

すでにここから、ボタンの掛け違いが起こっているのですが、**自分のほんとうの感情を置き去りにしているあなたは、それに気づきません。**

実は、問題は、別のところにあるのです。

「転職をしたいかどうかが、はっきりわかれば、解決する」と思っているあなたが、もし、ここで、はっきり「転職したい」という気持ちになったとします。

でも、やっぱり、あなたはこう考えるでしょう。

「転職したい。けれども、できない」

「〜するのが怖い」がほんとうの気持ち

転職の話は一例に過ぎません。ほかの悩みでも、「思考グセ」の堂々巡りに陥っているはずです。

では、あなたが「したいかどうか、わからない」という思考に囚われているとき、あなたの感情は、どうなっているでしょうか？

たとえば、友達に出かけようと、誘われました。

「けれども私は、行きたいかどうか、わからない」

というとき、あなたは、心から、出かけたいと思っているでしょうか？　少なくとも、積極的に喜んで「行きたい」とは、なっていないはずです。

そのとき思っているのは、

「今日は、家でゆっくりしていたい。けれども、誘いを断ってしまうと、友達は気を悪くするに違いない。だから、**断ることができない**」

といった恐れを抱いているのかもしれません。

「会社を辞めたい。けれども、できない」

という状態になっているときは、どうでしょうか。

「会社を辞めたい。けれども、**辞めるのが怖い**」

という気持ちになっていませんか？

では、次はどうでしょうか。

「仕事をしたい。けれども、できない」

これは、「仕事をしなければならない」という強い思い込みからスタートしています。

「仕事をしたい」の〝したい〟は、「しなければならない」という思い込みです。

ほんとうは「仕事ができない」の中に、あなたの気持ちが隠れています。それは**「するのが、つらい」**ということではないでしょうか。

そんな「つらい」感情を隠して、「しなければならない」という思い込みでがんばろうとすればするほど、いっそう、するのがつらくなっていくでしょう。

「感じる」とは、こういうことです。

こんなふうに感情を基準にすると、自分の心が見えてきます。

「幻の悩み」で苦しんでいませんか？

あなたを迷わせているのは「思考グセ」

定義として覚えておいてほしいことがあります。

心理学を学んだことがある人は、すでに知っていることでしょう。

それは、「思考が感情をつくる」ということです。

これが、悩みを複雑に（見えるように）させています。

先の転職の例では、

「転職したい。けれども、転職先が見つかるだろうか」

うまく転職できたとしても、

「ここは、私の望んだ通りの会社だろうか。もし、違っていたらどうしよう」

こんな「思考グセ」でドツボにはまる

転職したいけど……
どんな会社がいいのかなあ
次の会社、見つかるかなあ
うまくやっていけるかなあ
また続かなかったらどうしよう
そこでクビになったらもう後がない！
ぐるぐる
悩み
思考
ぐるぐる
悩みスパイラルにはまってる!!

「ここで、うまくやっていくことができるだろうか」
「ここで、また辞めてしまったら、再就職のときに条件が悪くなる」
「ここで、何年か働いていて、もし、クビになったら、年齢的にギリギリだから、もう後がないぞ」

というふうに、得意の思考をコロコロ転がしていけば、どんどん悩みの種を巻き散らすことになるでしょう。

まさにこれらは、**「幻の悩み」**ですね。

転職の悩みだけではありません。

「病気になって、派遣の仕事を切られたら、どうしよう」
「いまの仕事で、老後に、食べていくだけの蓄えができるだろうか」
「このまま歳をとって、結婚もしなかったら、親が死んでしまったとき、独りぼっちになってしまう。それが不安だ」

などと、次々にこんなマイナス思考をすると、その思考から「マイナス感情」が生まれます。さらに、そのマイナス感情を放り出したまま、マイナス思考に流れ、また新たにマイナス感情を生み出す。というふうに、**「マイナス思考→マイナス感情→マイナス思考」という連鎖で、「幻の悩み」がつくられていく**のです。

こんな気づきで心のリセット

たとえば、あなたが、

「病気になって、派遣の仕事を切られたら、どうしよう」

という不安を抱えているとします。

「だったら、正社員の仕事を探せばいいじゃないか」

と、誰もが思うでしょう。すると、こんな返事が戻ってきます。

「でも、なかなか、採用してもらえないんです」

それも事実の一端でしょう。

それでも、心理的に、就職活動にブレーキをかけてしまう自分がいないでしょうか。

そのブレーキの正体を知りたいときは、自分に、問うてみましょう。

「私が、正社員になったら、どんな気持ちになるだろうか」

もし、否定的な気持ちになるとしたら、どんな思いが頭をもたげますか？

・正社員になったら、毎日、決まった時間に出勤しなければならない

・責任が重くなる。いい加減にできない

・気軽に休むことができない

といった恐れを抱いていることに、あなたは気づきました。

「なあんだ、そうだったのか。じゃあ、正社員になっても、疲れたら、気持ちよく、会社を休もう。病気ではなくても、精神的休息は必要なんだ。自分の責任については、自分の責任の範囲だけ取ればいいんだ。責任を過剰にとらえるのはやめよう」

というふうに、無意識に思っていた「私の願い」を叶えてあげれば、「正社員になりたい」が実現する心の準備は、整いますね。

「でも」の口グセを減らしてみると……

この一言が悪循環のスイッチを押す！

他者中心の人は、「でも」を無自覚に連発しています。

相手と意識で戦っている人は、とりわけ「でも」という言葉を頻繁に使います。

「でも、あなたが最初に言ったんじゃないの。あなたが悪いのよ」

「でも、行かないと言ったのは、あなたのほうじゃない。自分のせいでしょう」

「でも、悪いのは君じゃないの。どうして、僕が謝らなければならないんだよ」

「でも、君がそんなこと言うから、腹が立ったんだよ。原因は君にあるよ」

「でも、君のほうが、反対したんじゃないか。君に責任があるよ」

というふうに、**相手を攻撃したり、責める言葉になりがち**です。

直接的に言わないにしても、かっこ付きの「でも」を使っている人もいます。

「(でも)我慢しなくちゃ、争いになってしまうでしょう」

「(どうしてあなたは、そんなことを言うんですか)私は、ちゃんとやっていますよ」

「(あなたは怒っているけど)私は、そんなつもりで言ったわけではありません」

「(あなたは、素直に自分の気持ちを言ったほうがいいと言うけれども)そんなことしたら、よけいバカにされるに決まってますよ」

「(あなたは、簡単そうに言うけれども)それって、なかなか、むずかしいですよね」

「(みんなの味方ばっかりして、どうして)私にばっかり、文句を言うんですか」

こんなふうに、かっこ付きの「でも」を使うと、相手のほうは、絶えず自分の話を覆《くつがえ》されるので、不快な気持ちになっていきます。

それでも、本人は、相手の話を「でも」と反発の気持ちで聞いているということも、自分が絶えず相手の話に反論しているということにも、気づきません。

むしろ、**「私は我慢しているのに、相手が私を責めてくる」**と認識しています。

そのために、相手が何気なく言う言葉も「私を一方的に責めてくる」と聞こえます。それでいっそう、相手を責めたくなっていくという悪循環に陥るのです。

「どうして私ばっかり」になる前に

では、「でも」という言葉を、自分に向けて使うとどうでしょうか。

「旅行したいなあ。でも、お金がないから」

「こんな仕事をしたいなあ。でも、資格を取るには、何年もかかるから」

「これがしたいなあ。でも、才能がないからなあ」

「これをしてると、楽しいなあ。でも、これで食っていくのは、むずかしいだろうなあ」

「この仕事を任せてもらいたいなあ。でも、どうせ、言っても無駄だから」

「努力したって、どうせ反対されるだけだから」

「ちゃんと、自分の気持ちを言ってみたいなあ。でも、言えば争いになるから」

というふうに、自分の行動にブレーキをかけてしまいます。

しかも、「でも」を連発していると、どんな気持ちになるでしょうか。

「でも、でも、でも、でも、でも、でも、でも」

声に出して言いながら、自分の気持ちを感じてみましょう。

どんどん、自分自身が、惨めな気持ちになっていきませんか？

惨めな気持ちになるから、

・どうして、私ばっかり責めるのよお

・私は悪くないのに、みんなが私を悪者扱いするぅ

・みんなで、私のことをバカにしてえ〜

・いつだって、私の言うことは聞いてくれないんじゃないのお

・どうして私ばっかりが、いつも、あなたの言うことを聞かなくちゃならないのよお

・いつも私だけが、我慢させられて、損させられちゃうんだからあ

といった気持ちがいっそう強くなっていくのです。

このように、**「でも」という言葉は、相手との関係が悪くなるだけでなく、自分に対しても否定的になっていく**のです。

返事は「じゃあ」「まず」で切り出そう

「でも、肯定的に使ったら、いいんじゃないですか？」

と言う人がいました。試しに、肯定的に「でも」を使ってみましょう。

「今日は、体調が悪いので会社を休みたいなあ。でも、やっぱり仕事が溜まっているから、行こう」

「あの人は約束を破ってばかりいる。でも、争いたくないから、言うのはやめよう」

「むずかしそうだなあ。でも、やらなくちゃなあ」

やはり「でも」では、気分爽快とはいかないようですね。

では、別の言葉を使った場合と比較してみましょう。

「休みたいなあ。**でも、**ちょっと休もうか（と罪悪感を感じつつ）」

「休みたいなあ。**じゃあ、**ちょっと休もうか」

「むずかしそうだなあ。**でも、**ちょっと挑戦してみたいなあ（そう思いつつ、やめてしまいそう……）」

「むずかしそうだなあ。**じゃあ、まず、**ちょっと挑戦してみようかな」

それぞれ、**「じゃあ」「まず」**のほうが、良くありませんか？

もともと、「でも」をたくさん連発するのは、その人が、自分の気持ちや意志を大切に扱ってもらえない環境にあったからです。

そのために、相手の意見や主張に対して、無意識に「従わなければならない」と強く思い込んでいます。

反対に、自分の気持ちや意志を優先しようとすると、誰かに決めてもらいたくなったり、自分の決断に自信が持てず、不安に駆られます。

では、この「でも」という意識から解放されるには、どうしたらいいのでしょうか。

それには、単純に、「でも」という言葉を、自覚して使わないことです。

これは、レッスンで、できます。

「でも」がログセだと……

ほかの言葉に言い換えると……

たとえば、次の文章を比較してみましょう。

「あなたはそう言ったよね。**でも、**それって、あなたの勘違いじゃないの？」

「あなたはそう思うんだ。**フーン。**私は、こう思うなあ」

この言い方は、「でも」の代わりに、「フーン」と間を置いています。

これはどうでしょうか。

「**でも、**私は、あのとき、複雑な気持ちであなたの話を聞いてたのね」

「私は、**ただ、**あのときは、あなたの話を聞いて、複雑な気持ちになったのね」

これは「でも」を、「ただ」に言い換えています。

こんなふうに、「でも」を使わない方法はあるのです。

さらに、こんな意識をインプットしましょう。

「相手が言っているのは、単なる意見や感想だ。**仮に、相手が私にそれを強制してきても、私がそれに従う必要はない。**相手がどうであれ、私は、私の気持ちや意志を大事にしよう。私の気持ちと意志を優先しよう。誰よりもまず、私は、私を愛していこう」。

美男美女にも悩みはある！

「恵まれているはず」なのに、なぜ？

常々、美男美女について、書きたいと思っていました。

あらゆる面から美を追究する時代になっていて、確かに美男美女が増えています。

それ自体は喜ばしいことですが、それに伴って、

「歳をとって、醜くなって、誰にも相手にされなくなってしまうのが怖いんです」

といった、「美」や「老」に関する悩みが増えています。

「もっと美しくならなければ。もっとダイエットしなければ」

それは、まるで「美」と「若さ」さえ手に入れば、悩みはなくなると信じているかのごとく、です。

その一方で、「恵まれている」と思われている美男美女、とりわけ悩める美女たちは、

「あなたのような美人に、悩みなんてあるの？」

と言われるのが、もっともつらいと訴えます。

「あなたの悩みなんか、ぜいたくよっ。私だって、つらいことはたくさんあるのに」

などと、自分が美女であることを問題にして、自分を否定します。

悩める秀才もまた、自分が有名大学出身であることを問題にして、

「僕が、この大学を出ていることなんて、僕にとっては、どうでもいいことなんだ」

などと自分を否定します。自分の不幸は、出身校のせいだと言わんばかりに、自分の大学の悪い面を、次々に列挙する有名大学出身の人もいます。

若さにこだわる若者は、20代半ばで、「もう、遅い。もう、私、歳だから」などと、本気で口走り、嘆きます。

こんなふうに、美男美女のみならず、秀才、親の七光り、脛かじりのお金持ち、若者なども同様に、自分がいま得ている特権を少なからず否定しようとします。

ます。

「自分の力で手に入れた」経験がない人は

彼らは、見た目の特権とは裏腹に、「自己信頼が乏しい」という点で共通しています。

「その特権は、私が自分の力で獲得したものではない」

という思いがあるから、かもしれません。

事実、彼らは、物事に対して非常に受動的です。失敗して傷つくことを極端に恐れています。たとえば、

「私を家まで送ってくれるのは、当然でしょ」

という目や顔や態度で相手に要求することはできても、

「まだ一緒にいたいから、家まで送ってほしいんだ。いいかなあ」

などと、自らの言語で、相手に働きかけることができません。

そのために、相手が自分の思惑通りに動いてくれないと、とても傷つきます。それを、「私は、プライドが高いのだ」と勘違いしている人もいます。

問題は、そこなのです。

どんなに絶世の美女であっても、その美貌で、さまざまな特権を享受していたとしても、**「私は、私を愛するために行動する」という、自分中心的な能動性なしには、自己信頼は育ちません。**

皮肉にも、その特権が自主性を奪い、それゆえに、失うことを極端に恐れます。

美男美女は、美貌の衰えを。

脛かじりのお金持ちは、脛をかじれなくなることを。

秀才は、その頭脳を社会に活かせないことを。

親の七光りは、自分の実力が、それに伴わないことを。

そして、若者は、その若さを。

そうしながらも、その特権に依存しているために、

「心じゃなくて、私の顔が好きなだけでしょう」

「もっと美人が現れたら、心変わりしてしまうに違いないんだ」

「私が歳をとって醜くなったら、去ってしまうくせに」

美人で高学歴でモテても、悩みはある……

そりゃ私はキレイだけど、新人のSちゃんもカワイイよね
○×大卒だけど結局、コネ入社だし
今日もデートに誘われたんだけど、全然知らない人。私のどこがいいの?
わたしってダメね
じまんじゃなくて?!

「肩書きを見ているだけじゃないか」

「目的は、お金だけだろう。お金がなくなると、去っていくに決まってる」

などと悩みます。

そんな失う恐れから解放されるには、

「ああ、そうだったんだ。私は、それを否定しながら、それにすがっていたんだ。だから私は、それを失うことを恐れていたのか」

と、自分の中の恐れに気づき、それを認めることが先決です。

そこから、自己信頼の若葉が発芽するのです。

「どうせ私なんて」はクヨクヨのモト

「これを失ったらどうしよう」という不安

美男美女の話をすると、自分は美男美女ではないと信じている人たちの間から、
「私とは関係のない話ですから、問題外です」
などと、嫉妬やひがみ混じりの声が聞こえてきそうですね。
でも、これも、単に一例です。
美男美女でなくても、**いま得ているものを失う恐れは、誰でも、持っています。**
仕事をしていれば、職を失う恐れ。
恋人同士や夫婦であれば、パートナーを失う恐れ。
財産や所有物を失う恐れ。芸能人であれば、人気を失う恐れ。

歌手であれば、声量が衰える恐れ。

スポーツマンであれば、体力が衰える恐れ。

頭脳を商売にしている人は、頭脳が枯渇する恐れ。

愛、能力、財産。健康。ほかにも、職場での地位、肩書き、名声。信用、信頼。親子、家庭。親友、仲間。しわが一本増えることすら……。細かく挙げていったら、無数にあります。

得ているものに価値を見い出そうとすると、それを失う恐れを抱きます。

これも、自分と戦っていると言えるでしょう。

「ほんとうはすごい私」を認めよう

そんなあなたがもっとも望んでいるのは、「自分の価値」です。

「自分自身に価値がない」と思い込んでいるために、失う恐れと戦い、否定したり抵抗したりして、かえって、それにこだわります。そして、それゆえに、得ているものにしがみつく、という悪循環に陥ってしまうのです。

では、自分に価値を見い出すためには、どうしたらいいのでしょうか?

それには、どんな特権であれ、まず、「自分が得ている特権」を認めることです。

あなたは、その特権を、外から与えられたもので、自分の手で獲得したものではないとかたくなに信じています。けれども、無意識の視点で言えば、そういう特質を持ってその位置にいるのは、まぎれもなく、あなたの実力です。

あなたには、それを獲得するだけの特質が、もともと備わっているのです。それは、誰のものでもなく、あなた自身のものです。〝得たもの〟そのものではなく、それを「得る能力がある」資質が、あなたの価値の現れなのです。それを認めるために、

「これも、私の優れた資質だ」

という言葉を、どんどん、自分に投げかけましょう。

「ねえ、どうしたの?」で笑顔に戻る

さらに、「自分の価値を高める」ための、もっとも有効な方法の一つは、相手に

「聞く、尋ねる」という働きかけです。

「自分に価値がない」と信じている人ほど、

「私が聞いても、どうせ（こんな私には）、誰も応えてくれないに違いない」

「私が頼んでも、誰も（こんな私の頼みなんて）、引き受けてくれるわけがない」

そう思い込んでいるので、自分のほうから能動的に働きかけることができません。**もし、自分のほうから働きかけて、否定されたり、拒否されたり、断られたりすると、傷ついて、もっと自分の価値が低くなる、**というわけです。

たとえば、相手が、不機嫌そうな顔をしています。

「自分に価値がない」と信じている人は、それすらも、「私のせいで」とばかりに、自分の価値を下げる種となります。

そして、傷つくぐらいなら、

「私、帰る！」

と、先手をとって、自分を守ろうとします。

こんなとき、自分に価値があると知っている人は、こう尋ねるでしょう。

「自分には価値がない」と思い込んでいると……

私、帰る!
どうせ私のせいなんだ

「自分にも価値がある」と思っていれば……

ねえ、何かあったの?
とりあえず聞いてみよう

「不機嫌そうな顔をしているけど、何かあったの？　もし、私のことで、不愉快になっているんだとしたら、黙っていないで、言ってほしいなあ」

この「聞く、尋ねる」という行為は、相手のためというよりは、自分のためです。

「私を守るため行動する。私を傷つけないために行動する」

こんな自分のための能動性が、自分の価値を高めていくのです。

たったこれだけで「強い自分」になれる

「いまを生きる感覚」をどんどん磨く

「得たものを失う恐れ」を抱いている人は、いわば、**「未来の不安」**の中に生きています。もちろんそれは、あなたがつくり出した幻です。

他方、他者中心に生きて、自分を傷つけ、**「過去の傷み」**の中に生きている人もいます。

未来に生きている人も、過去に生きている人も、前に進むことができません。

両者に共通して、足りないものがあります。

それは、**「いまを生きる」**ということです。

「いまを生きるって言われても、あまりにも漠然としすぎていて、どうしたらいいかわかりません」

この質問も思考に囚われています。こんな思考から脱却するには？

種明かしをすれば、「なーんだ」ってことになるかもしれません。

それは……、〝感覚〟です。

「いまを生きる」ためには、これが必須です。

何度強調しても、し足りないぐらいです。

それは、「私は」という一人称と、「あなたは」という二人称の意識の違いです。

「あなたは」で人生をスタートさせるか、「私は」で人生をスタートさせるか。

この意識の違いによって、大袈裟ではなく、まったく正反対の人生になっていきます。この意識の違いが、あなたの人生の〝土台〟となるからです。

感覚を実感できれば、その違いが、明確にわかります。

その両者の感覚の違いは、また、「自分中心」と「他者中心」の違いと言ってもいいでしょう。

早速、その違いを体感してみましょう。

視点を相手から自分に戻すだけ

まず**「他者中心」**です。

〝私〟の目の前に、人がいます。その人に向かって、身を乗り出し、「あなたは、あなたは」と勢いよく、連続して言ってみましょう。

「あなたは、あなたは、あなたは、あなたは、あなたは、あなたは、あなたは」

このとき、「私の目」は、相手に注がれています。

では「私の頭の中」は、どうなっているでしょうか？

「あなたのこと」でいっぱいになっているはずです。その中に「私のこと」が入る余地なんて、ほとんどないのが、わかりますね。

「私のからだ」は、どうなっていますか？　からだも緊張しているはずです。

自分の頭の中が、このような「あなたは」でいっぱいになっていると、発する言葉も、「あなたは」から始まります。その多くが、相手を責めたり、非難したり、〝上から目線〟の言葉になりがちです。

たった60秒でたちまち変身！

では、**「自分中心」**です。

からだの力を抜いて、リラックスして、あごを引くような気持ちで、「私は」と言ってみましょう。

「わ・た・し・は」と、一語一語を味わいながら。十分に間を置いて、息を吐きながら、声を出します。

わ・た・し・は……。

わ・た・し・は……。

わ・た・し・は……。

これで人生が変わるぐらい、この感覚の〝感じ方〟が重要です。

「私が、ここに在る」という、落ち着いていて、安定した感覚が感じられるまで、

息を吐きながら、ゆっくりと

わ・た・し・は……
わ・た・し・は……
わ・た・し・は……
う〜ん。
なんだか
気持ちいいニャ
へ〜

レッスンしましょう。自己信頼を育てるトレーニングです。

この「ここに在る」という感覚を実感できればできるほど、「自己信頼」という核が揺るぎなくある、その心地よさを知るに違いありません。

発する言葉も、「私は」から始まるために、争いになりにくくなります。

何よりも、この自分中心の感覚を土台にすると、相手よりも、自分のほうに関心が向かい、「いまに生きる瞬間瞬間の私」を味わい、愛したくなっていくのです。

早め早めに「自分の願い」を叶えてあげよう

どんなときでも「私」が基準

自分中心の感覚が定着するにつれて、あなたを取り巻く環境や周囲の出来事に対して、自分を軸にしたとらえ方をするようになってきます。

その基準は、

「私がラクか苦しいか。好きか嫌いか。気分が良いか悪いか。からだがラクがきついか。それをしたいかしたくないか」

といった、〝私の感情や感覚、私の意志〟です。

もっと簡単に言うなら、

・私自身が、ラクであればいいのです

・私自身が、幸せであればいいのです
・私自身が、満足できればいいのです
・私自身が、リラックスしていればいいのです
・私自身が、自分を守ることを、優先できればいいのです

こんなふうに書くと、

「そんなふうに、みんなが自分を優先し始めたら、世の中に、身勝手な人たちばかりがあふれかえって、仕事も家庭も社会も、成り立たちませんよ」

と、否定したくなるかもしれません。


いま、まさにここで、そんなあなたに、職場の上司がこう言いました。

「もう、君も指導する立場だから、しっかりと、自分からお手本を示さなければね」

あなたは上司の期待に応えようと、必死でがんばります。

努力しつつも、背伸びして、無理している自分を自覚しています。

それでも弱音も吐かないあなたは、次第に息切れして、つらくなってきました。

そんなとき、どうしますか?

●●● 問題の先延ばしはトラブルのモト

どうでしょう。素直に上司に相談できますか？　「自分に能力がないと思われるのが怖い」と思っていたら、言えませんね。

言えずに必死でがんばり続けたとしたら、どうなると思いますか？

もしかしたら、会社に行くのがつらくなって、辞めたくなるかもしれません。

あるいは、体調を崩したり、精神的に疲れていって、いずれにしても、

「もう、期待されるのは、つらい」

という願いを、実現させるでしょう。

こんな可能性もあります。

期待に応えようとする努力に疲れ果てても、それを、上司に言えません。

「うーん、上司に言わないで、その願いを達成するには、どうしたらいいんだろう」

あなたの無意識は、あなたの矛盾する思いもすべて統合する形で、その方法を算出します。そして、答えを出します。

自分が満たされてこそ、うまくいく

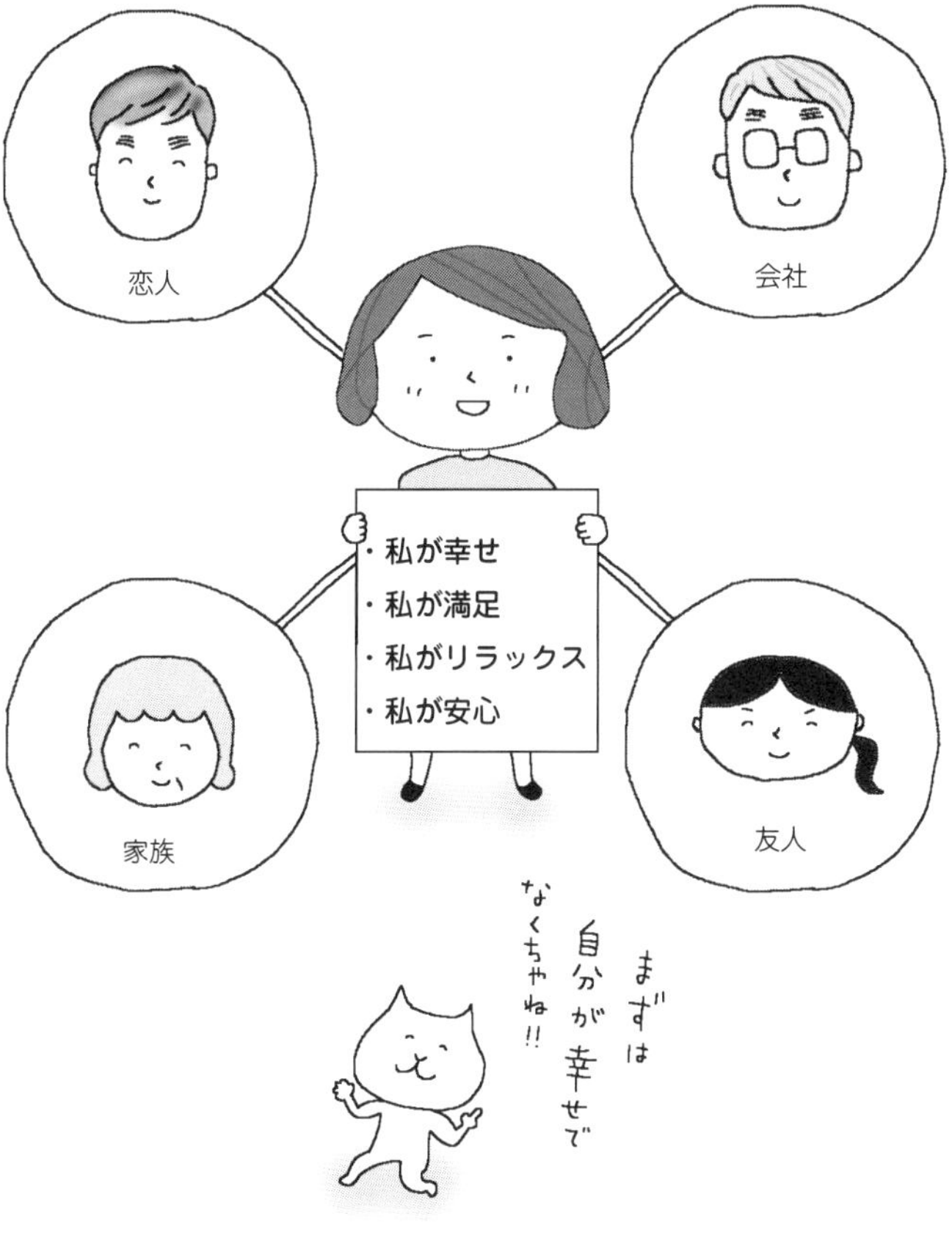
恋人
会社
・私が幸せ
・私が満足
・私がリラックス
・私が安心
家族
友人
まずは自分が幸せでなくちゃね!!

「そうだ！　この方法がいいぞっ!!」

その結果、あなたは仕事で、重大なミスをするかもしれません。あなたは顕在意識では、ミスをしたことで自分を責めるでしょう。けれども、あなたの無意識は、

「あー、これでやっと、上司の期待から解放される」

と、胸をなで下ろすのです。

どうでしょうか。

あなたがどんなに自分の感情を無視したり、抑えようとしたとしても、いずれは、「どんな策を講じてでも、自分の感情（願い）を、遂げようとする」

それが、〝無意識の私〟なのです。

このケースで言えば、もっと早めに上司に相談すればよかったのでしょう。

こんなふうに、あなたの「感情や意志」は、何よりも優先されます。あなたがどんなに先延ばししても、結局は、他者よりも、自分を選びます。

だから、自覚して、早め早めに、自分の願いを叶えてあげたほうがいいのです。

4章 がんばりすぎないほうが人間関係はうまくいく

「私」を許すだけでいい

✦ こんな「罪悪感」は不幸のサイン

ほんとうに「自分中心」でいいの？

何となく、あなたは「自分の感情と意志を優先させたほうがいいんだ」と、思い始めているかもしれません。

でも、時折、明らかに批判的な気持ちから、

「自分の感情のままに行動している人がいます。こんな人が、先生の言う〝自分中心〟なんですか？」

と質問されます。たとえば、

・会社を休みたいとき、みんなが忙しくしていても、平気で休む

・やりたくない仕事は拒否するので、しかたなく、ほかの人が、する

・上司から、異動命令があっても、テコでも動かない
・周囲の人は、煙たがっているのに、人の会話に無神経に割り込んでくる

厳密に言えば、「そんな人が他者中心か、自分中心か」という問いそのものが、自分中心の概念から外れます。

「自分中心」というのは、まずは、中心の核を〝私〟に置いています。

「私を核にした」視点からそれらの出来事を目にするとき、まずは、**「それは、その人たちの自由なんだ」**という発想をします。

「えっ、どうしてですか！　周囲に迷惑をかけて、身勝手そのものじゃありませんか。そんな自由が許されるのなら、やりたい放題にやっていいってことですか？」

自分中心の視点からすると、たとえば「やりたくない仕事を拒否する」という点においては、「それを拒否するかどうか」は、その人が決めて選ぶことです。

大胆な言い方をすれば、「その人の生き方を認める。そんな選択をするのも自由」となります。

「～べき」論は周りも自分も苦しめる

とはいえ、「その人が、自分の仕事を、私に押しつけてきた」というふうに、具体的な出来事が〝私に発生したとき〟は、その人の〝選択の自由〟と割り切ることは、むずかしいかもしれません。

また、「AとBが争っている。それに関して、自分に関わりがなく、責任が発生しなければ、それは〝その人たちの自由〟」とするのには、抵抗を感じる人もいるでしょう。でも、

「そんな非常識な人や秩序を乱す人たちに対して、見て見ぬふりをしていたら、無法地帯になってしまいますよっ」

と、まさにあなたが、そんな人たちに対して、そう言っているとき、あなたはどんな気持ちなっていますか？

「悪いことは、悪いって、けじめをつけるべきです」

では、それを、あなたは、その人に、はっきりと注意することができますか？

「正しさ」をふりかざしてもうまくいかない

そのとき、あなたは、きっぱりと「はい、そうします」と答えられるでしょうか。

元の質問に、戻りましょう。

「あなたが、そんなふうに、心の中で、相手を責めたり批判しているとき、あなたは、どんな感情になっていますか？」

重要なのは、その行為が正しいか正しくないか、ではありません。そういった人たちの行為を、「私自身が、どんな感情を抱いて見ているか」です。

「イライラしたり、腹を立てたりしています」

職場や家庭で、あるいは街で出合う光景を見て、さらには、往来ですれ違う人々にすら、そんなマイナス感情を抱くとしたら……。

もしあなたが、「私が正しい」という自分の価値基準から、「やりたくない仕事を拒否する人」に、注意したとします。

すでにあなたは、その正しさゆえに、感情的になっていて、

「そんなに仕事が嫌いだったら、さっさと、会社を辞めたらいいじゃないの」

相手も感情的に怒鳴り返すでしょう。

「ふざけるんじゃないよ！　お前とは、関係ないだろうっ！」

といったふうに、いずれにしても、悩みも争いも増えるばかりです。

責任を果たせば、「その人の自由」

こんなメールをいただいたことがありました。

「社会ルールでは、信号は守りましょうというのが常識です。

でも私は、赤信号でも、安全だと完全にわかっている場所や、短い横断歩道では信号無視をすることがあります。

5分程度の用事ならば、駐車場代を払うのが嫌なので、何も買わなくてもコンビニの駐車場に車を置くこともあります。

その話を同僚にすると、批判的な言い方をされて、ケンカっぽくなりました。」

これも「自分中心」の概念にのっとれば、「その人の自由」です。

ただ、**自由には、等分の「責任」があります。**

責任という点において、信号無視で事故に遭ったり、コンビニでトラブルが発生したとしたら、その責任は負わなければなりません。

自分の選択には、同等の責任がセットになっています。それを承知した上での「自由」です。

きつい「縛り」は反発の感情を生む

むしろ筆者の私は、信号無視や無断駐車の、それ自体よりも、〝そうしたくなる心理〟のほうを、問題にしたくなります。

まず、「私は、ルール違反をしている」という意識は、それだけで、心理的な負担となるでしょう。それを違反と自覚している以上、そこに、なにがしかの罪悪感もあります。

罪悪感を抱いているからこそ、そこに焦点が当たるのですから。

自覚していてもしていなくても、自分の中に潜在的な罪悪感があれば、あなたの無意識が、あなたを罰するほうへと、自らを導いていきます。

これが、私たちの無意識のすごいところなのです。

きっかけはどうであれ、わざわざ同僚に話してケンカっぽくなったのも、自分を罰したかったからなのかもしれません。

彼女は心のどこかで、批判されるかもしれない可能性があることを承知していて、同僚に話しています。案の定、同僚が非難します。彼女にしてみれば、「相手に非難されるという罰」を自分に与えて、自分の中の罪悪感を軽くしたかったのかもしれません。

もともと、ルール違反と自覚しながら違反したくなるのは、単に「便利だから」という理由だけでなく、どこかに、〝仕返し的な気持ち〟も潜んでいます。

これもまた、**「しなければならない。けれども、したくない」といった意識からくる罪悪感で、自分を縛っている**からなのです。

✦「うしろめたさ」が戦いモードをつくり出す

ルール違反をする人の心理とは？

「信号無視をする。無断駐車をする」ことを、意識しながらやっているとき、自分の心の中をのぞくと、どんな気持ちになっているでしょうか？

コソコソするような、**うしろめたい気持ち**になっているでしょう。

仕返し的な気持ちがあると、同時に、「ざまあみろ」という感じでしょうか。

「やりたくない仕事を拒否する」ときは、戦う気持ちで拒否しているのではないでしょうか。

いずれにしても、「晴れ晴れとした気持ち」というわけにはいきません。

「でも、仕返しって、気持ちがいいですよね」

確かに、仕返しをした瞬間は、そうかもしれません。

では、それ以外の時間は、どうでしょうか。

おそらく、満足していないでしょう。

そもそも満足できていたら、初めから「仕返しの満足」を求めることはないでしょうから。それに、満足がその瞬間だけだとしたら、それを24時間求めるのは、至難の業ですね。

「〜ねばならない」思考で追い詰められる

こんなふうに、自分と戦ったり、相手と戦う気持ちで、物事を達成しても、労力のわりには、メリットは少ないものです。

しかも、このように、マイナス感情が起こるようなやり方でしてしまう心の裏には、罪悪感が潜んでいます。

とりわけ「それをしなければならない」という思いで自分を縛っていると、「それができない私」に対しても、罪悪感が起こるでしょう。その罪悪感のせいで、相手がしないことに対しても、相手を責めたくなるでしょう。

感情レベルでの欲求や希望、願望を自分に許していないと、「私が、それする」ことにも、「しない」ことにも罪悪感を覚えるでしょう。

もちろん、その欲求の中には「私は怖いので、それを避けたい」もあります。

「私は働きたいけど、働けない」もこの中に入ります。それは実は、

「みんなが働いているので、働かなければならない（と思い込んでいる）けれども、私は、働くのがつらい」

ということなのです。

「やりたくない仕事を拒否する」という戦いモードも、「私がそうすることを、心から認めている」わけではありません。

というふうに、あらゆる出来事、場面の中に、罪悪感が隠れています。

「私」がリラックスするほうがうまくいく

では、「私がそうすることを、心から、罪悪感なしに認めている」としたら、ど

自分で自分を苦しめてない？

小

・自分を認めている
・弱い自分も受け入れられる
・具体的な解決法が探せる
・冷静に主張できる
・行動に移ることができる
・どんどん自信が持てる

罪悪感

大

・自分を責める
・相手を責める
・拒否、混乱
・戦闘モード
・解決の糸口がつかめない
・いっそう自信をなくす

んな態度になるでしょうか？

まず、「私の感情を基準にしている」ので、その仕事のどこが嫌なのかに気づくでしょう。自分を否定的に見ない人、つまり罪悪感の少ない人ほど、

「この仕事の、この箇所をするのが負担なんです。苦手なんです。難しいんです」

などと、より正確に具体的に把握できるでしょう。

そして、戦闘モードで拒否するのでなく、

「どうしても、ここが負担なので、相談に乗っていただけないでしょうか」

などと、あなたのほうから、関係者に働きかけることができるでしょう。

ひょっとしたら、ほんとうは、嫌なのは仕事そのものではなく、その仕事に関わっている同僚との人間関係かもしれません。

それも、「同僚のみんなが」ではなくて、「特定のAさんが」。

もっと詳しく見てみると、**特定のそのAさんの、「私の同意を得ないで、何でも一方的に進めてしまう態度」**に、あなたは、傷ついているのかもしれません。

というふうに、「私にとっての問題点」を具体的に突き止めて、能動的に行動で

きるでしょう。

自分の中にある罪悪感が少ない人ほど、〝私がラクになるため〟に、という発想ができるので、さまざまな問題にも真摯に向き合おうとするでしょう。

そんな行動がまた、さらに罪悪感を少なくするという相乗効果をもたらすのです。

✦「重すぎる荷物」をちょっと軽くする

そんなに背負い込まなくても大丈夫

では、自分の中にある罪悪感を、できるだけ減らしていくには、どうしたらいいのでしょうか。

それには、自分の責任を果たしていくことです。この言葉に、

「ああ、責任ですかあ……」

と、思わず、引いてしまった人はいませんか?

もしあなたがそうだとしたら、あなたはふだんから、責任を過剰に考えています。

責任を過剰にとらえている人ほど、それが、とても重く感じられるでしょう。

たとえば、

・親の期待に必死で応えようとして、ヘトヘトになっている
・自分のしたいことに夫が反対すると、罪悪感を覚えて、自分を優先できない
・上司に反発しながら、自分で何とか乗り切ろうと、必死にひとりでがんばっている

こんな人たちは、責任を心理的に過剰に受けとめている人たちです。

「お前はダメだ。何をさせてもダメだな、お前は」

「もっと、がんばれ。もっと、がんばるんだ。その程度で、気を抜くな」

「お前が悪い。悪いのは、お前のほうなんだぞ」

などと、絶えず、過剰に責任を負わされてきた人たちもいます。

責任を過剰に取ろうとすると、無理をしてしまいます。

たとえば、「親の期待に応えなければならない」「親を見返してやる」などという思いに囚われて行動すると「借金をしてでも」と、無理をするでしょう。挙げ句の果てには、借金を返すために、借金をする、ということもしてしまいます。

これも、責任を心理的に過剰にとらえている結果です。

こんなとき、もしあなたが、「私は、私が責任を取れる範囲で、選択しよう」と決めていれば、最初から、返せそうにないお金を借りるような無茶な選択はしないでしょう。責任という観点から、的確な判断のもとに行動をするでしょう。

責任は「私が決めた範囲」で取ればいい

「責任を果たすって、気持ちいいもんですね」

と、答えられる人は、自分を大事にできる人です。自分を守ることができる人です。順調に、発展的な人生を歩むことができるでしょう。

あなたには、常に、選択の自由があります。

と同時に、その選択において、等分の責任があります。

つまりこれは、言い換えれば、

「私は、私の選択した責任の範囲だけ、責任を取ればいい」

それ以上の責任は、取る必要もなければ、感じる必要もない、ということです。

その範囲を見極められない「過剰な責任」が罪悪感というわけです。

もしあなたが、過剰な責任で罪悪感を感じているとしたら、こうつぶやきましょう。

「私は、自分の〝したい〟という気持ちを優先できてよかったなあ」

「これは、インプットされた罪悪感だ。必要のない罪悪感なんだ」

「親が期待するのは、親の勝手だ。それで悩んでも、それは親の自由だ」

「相手の思いにまで、責任を取ることはない。これは、私の責任ではない」

こんな言葉を自分に投げかけて、罪悪感を減らしていきましょう。

「自分が選択した範囲だけ、責任を取ればいい」

この発想だけで、あなたの悩みは、半減するのではないでしょうか。責任を取ることへの恐れも減っていくはずです。

本来、「責任を果たす」というのは、気持ちのいいものです。それは、自分自身が、自分自身の能力を認めているということです。

また、「自分の責任を果たした」という、その達成感は、あなたに深い満足感と自負心をもたらします。責任を果たす行為は、まさに、自己信頼につながっていくのです。

✦「ゆがんだ人間関係」は自分から断つ

「マイナスの行為」で関わりを求める人たち

信号無視の件で加筆しておきたいことがあります。

それは、歩行の信号無視でも、無自覚にそれを繰り返していくと、知らず知らずのうちにそれが「クセ」になっていくという点です。

最初は、信号無視は歩いているときだけでした。ところが、それが当たり前になってしまうと、危険なことに、車を運転しているときも、そのクセが出てしまうというふうに、制御できないことが起こり始めます。

これまで「青信号＝進め」「赤信号＝止まれ」と認識していた脳が、「赤信号＝あれっ、進め？　だったかな」というように、一瞬、脳の中で認識の混乱が起こるのです。

実は、こんな行為にも、無意識の視点からすると「別の目的」があります。

それは、そんなマイナス行為で、「社会や人に関わりたい」という欲求です。

もちろん、人とマイナスに関わるよりも、プラスに関わったほうが、満足度が高いのは言うまでもありません。

けれども、自分の環境の中で、プラスのつきあい方を学んでいないとしたら、どうでしょうか？

私たちはもろもろの恐れを抱いていますが、「孤独になる」というのは、〝死〟にも匹敵するほどの恐怖です。滅多にまったくのひとりになるチャンスがないので、気づかないかもしれませんが、本能的に知っています。

動物レベルで言えば、「孤立する」というのは、生命の危機とも言える状況です。

そんな孤独の恐怖に陥るよりは、まだ、**マイナスであろうと、騒動を起こしてでも、相手と戦ってでも、人と関わっていたい、**と願うのです。

先の無断駐車や信号無視の件では、それを続けていると、どういったことが起こるでしょうか。

・友人、知人、同僚などとの間で、それを話題にできる。その話題で盛り上がるかもしれないが、その是非を巡って、小さな諍《いさか》いが起こるかもしれない

・無断駐車して、お店の人とトラブルが起こる

・信号無視して事故を起こし、事故を巡って、警察、病院、職場、家庭といった周囲の人々の関心を集めることができる

というような人との関わりを「目的」としている可能性もあるのです。

相手は問題の解決を望んでいない!?

「人って、そんなに、トラブルや事故を引き起こしてまでも、人恋しいんですか?」と不思議に思うかもしれませんが、実は、そうなのです。

俗に言うクレーマーさんがそうですね。

仮にあなたが会社で、苦情処理の電話担当係だとしたら、電話をかけてくる主が、純粋に問題解決したくて電話しているのか、「苦情」を材料にして、あなたと

マイナス関係を結びたいと願っているのかを、見抜く必要があります。

相手があなたに対して、

「難癖をつけたり、否定したり、あなたの言葉を覆《くつがえ》そうとしたり、足を引っ張ろうとしたりする」

としたら、その人は、問題解決することよりも、あなたとマイナス関係を結びたいと、強く望んでいます。

・「職場の誰それが私に意地悪をする」と、同僚に訴える

・「恋人とうまくいっていない」と、友人にため息をもらす

・母親が娘に、姑や近所の人や夫の悪口を言う

こういった「愚痴」も、問題を解決するよりは、「愚痴をこぼす」という方法で、あなたとコミュニケーションをとるのが、真の目標となっているのです。

そんな言動に乗っていって、「なぐさめたり、励ましたり、なだめようとしたり」、あなたがわかってあげようすればするほど、その言動はエスカレートするでしょう。

なぜなら、それは、**相手の願いを叶えて、（無意識に）喜ばせているも同然**だからです。

NOの気持ちを伝えれば互いに育つ

「でも、どうしたら、それを見抜くことができるんですか？」

それは、簡単です。

そんな人たちを相手にすると、

「話していると、イライラしてくる。腹が立つ。またかと思って、うんざりする。話した後で、ぐったりと疲れてしまう。もう二度と、話したくないような気分になる」

というふうに、あなたが耳をふさぎたい気持ちになるとしたら、その人は、マイナス関係を結ぼうとしていると判断して、まず、間違いありません。

あなた自身が、こんなマイナス感情に、気づくことです。

それに気づかないと、次第にその関係が苦しくなるでしょう。

相手に遠慮していると……

ちょっと聞いて…
×…どんどんマイナスオーラに取り込まれる
＝状況が悪化

自分を守る行動に出ると……

No!
○…マイナスの関係を自分から断ち切る
＝状況が好転

あれこれと悩んだ末に、その関係を断ち切ろうとしたら、大騒動になったり、壮絶な争いになったりするかもしれません。

クレーマーさんや、愚痴をこぼしたがる人たちは、もともと「問題解決したら困る」人たちです。相手にすればするほど、えんえんと続きます。

ですから、あなたが相手と話をしていて、マイナスの気分や感情になってきたら、「そろそろ、この会話は、終わりにしたほうがいいぞ」というメッセージだというふうに受けとめましょう。自分の感情を信じましょう。

話の内容ではありません。そんな「苦しい関係」を続けてしまうことが、あなた自身を傷つけています。

あなたが、自分を守ることが先決です。その関係から、解放されましょう。

あなたが安全でいることに、みじんも、罪悪感を感じる必要はありません。

自分を傷つけないために「その話を終わりにする」。

これが、もっとも重要です。

たとえば、

「あなたを好きだし、力になりたいと思う。でも、これ以上、聞いていると、私のほうが精神的に疲れてきて、あなたを責めてしまいそうだから、別の話にしたいんだ」

というように、〝私の気持ちと意志〟をそのまま伝えて、終わりにしましょう。

むしろ、そうやって、あなたが自分を優先することが、結局は、相手の自立をうながすことにもなるのです。

✦ 争わなくても問題は解決できる

だから、「我慢しているほうがマシ」!?

前章の冒頭で述べたように、あなたが、ある問題について考えているとき、堂々巡りの思考に陥っているとしたら、どんなに考えても、その答えは見つからないでしょう。

答えが見つからないほんとうの理由は、別のところにあるからです。

それは、その問題を、思考で解決しようとしている点です。

あなたは自覚に乏しいかもしれませんが、それは、あなたが無意識のところで「行動する」ことを、怖いと感じているからです。

「他者中心」の人ほど、それを恐れています。

その怖さは、おそらく、あなたが自覚している以上のレベルです。

「行動するのを恐れる」理由を、少し、挙げてみましょう。
・責任を過剰に考えている
・問題が生じたとき、自分を守るすべを知らない
・相手と争いになることを恐れる
・相手と争いになったとき、主張の仕方や、かわし方を知らない
・義務や強制で動いていて、「行動する」楽しさを知らない
・継続することを、つらいと認識している
・結果を考えすぎる
・未来を煩《わずら》いすぎる
とりわけ、行動にブレーキをかけるもっとも大きな理由は、

「主張して、否定されると傷ついてしまう。争いになったら、怖い。怖い目にあうぐらいだったら、我慢していたほうがマシだ」

といった、自己主張への恐れでしょう。

「相手を言い負かす」が目的ではない

多くの人が自己主張を恐れるのは、「主張すると相手と争いになる」と信じているからではないでしょうか？　その思い込みからして、すでに、間違っています。自分中心では、自己主張は、相手に言葉で争って勝つのが目的ではなく、「私を愛するために、私を解放するために、表現する」としています。

すべて自分のためなので、表現すればするほど、「私自身が、ラクに、幸せに」なります。

それが、「第一の感情で表現する」方法です。

自己主張というよりも、「自己表現」ですね。

2章でも述べていますが、ここでもう一度、「第一の感情」と「第二の感情」の違いをまとめてみましょう。

まず、第一の感情と第二の感情は、まったく正反対のエネルギーです。

第一の感情は、自分を中心にした、自分のための感情です。

だから、第一の感情で表現すると、心もからだもラクになります。それは、エネルギーを解放するからです。

表現することで、プラスの感情は、それが増幅します。

マイナスの感情は、解消されます。

心とからだをきれいに、活発にしていきます。

あなたを幸運へと導いていきます。


第二の感情は、相手を支配したりコントロールする目的で使われます。

だから、表現しても、心がすっきりしません。わだかまりが残ります。

からだには、緊張が残ります。

マイナス感情は、蓄積されます。

プラスの感情も、蓄積されます。

この場合のプラス感情とは、お世辞や、歯が浮くような言葉を並べ立てるというふうに、心と言葉が一致しない、不調和のエネルギーを指します。

それらの蓄積は、心とからだに悪影響を与えます。
運も確実に悪くなっていきます。
それを心の中でつぶやいても、頭の中で思考しても、です。

「私」がラクな言い方がポイント

第一の感情で表現できると、こんな効用が期待できます。
・相手と争わないで自己主張できる
・よりラクに主張できる
・「私にとって不都合な人」とは、物理的に距離が離れる。心理的にも、相手の存在が気にならなくなっていく
・親しい人とは、より親しくなっていく
・親しい人とは、風通しのよいラクな関係、信頼し合える関係となっていく
たとえば、同僚から手伝ってほしいと頼まれた仕事を、あなたが断るシーンです。
他者中心の第二の感情では、こんな言い方になるでしょう。

言い方次第で相手の反応が変わる！

忙しいときに
「仕事を手伝ってほしい」と
言われたら？

他者中心

「支配する・される」に
こだわる
＝第二の感情

自分中心

「自分の気持ち」を
伝える
＝第一の感情

そんなの、絶対にムリ！
ムカッ
手伝いたいけど いま忙しいから、午後からでもいい？
ありがとう

「私は、ダメ！　ほかの人に頼んでよ」

「私だって、忙しいんだから、そんなの、無理、無理」

「あなたが怠けてるからでしょっ。自分でやるしかないんじゃないの？」

自分中心の第一の感情では、こんな言い方になるでしょう。

「そうかあ。手伝いたいけど、いまは、私も手がいっぱいなんだ。この仕事が早めに整理ついたら、声かけるね。はっきりとは約束できないから、ほかの人にも当たってみてよ」

「これですか？　全部は無理だけど、この部分だけでよかったら、やりますよ。私の仕事がひと区切りついてからで、いいんですね」

といった具合になります。

大事なのは、相手より、**「私の気持ちがすっきりするために」**を基準にすることです。

〝私〟が、頼まれたその仕事に対して、「どう感じるか。どう思うか。どうしたいのか」。それを、言葉で表現すればいいのです。

じっと悩んでいないで相手に声をかけよう

私のこと、どう思っているの？

「悩みの種」をつくるパターンの一つに、相手の心の中を探ろうとして、それで頭の中がいっぱいになってしまう状態があります。他者中心の典型ですね。

「あの人は、私のことを、どう思っているんだろう」

「彼があんなふうに言ったのは、どういう意図があったのだろうか」

「口ではいいよって、言ってくれたけれども、あのときから態度が冷たいから、やっぱり、引き受けるべきだったんじゃないだろうか」

「昨日から、彼女は、私のことを無視しているけど、あのことを、やっぱり、怒ってるんじゃないだろうか」

といった具合に、あなたも、相手の心の中を探ったり、憶測しては、**「ああでもない、こうでもない」**と思い悩んだりしていませんか？

こんな思考に陥っているとき、自分のほうに意識を向けて、自分の感情を感じてみると、どんな気持ちがするでしょうか。

たとえば、

・頭の中が、思考で満杯になっていて、破裂しそうにつらい
・肩がガチガチに凝っていて、きつい
・胸が締めつけられそうに、苦しい
・頭に血が上っていて、顔がほてる
・気力がなくなって、何もしたくない
・いつも焦っている。いつも不安になっている

あなたが相手のことで、頭と心がいっぱいになっているとき、あなたが感じているのは、こんな感情や気分や感覚ではないでしょうか。

改めて、自分の状態に気づくと、「自分自身に、ひどい仕打ちをしている」と思

いませんか？

自分中心流に言うと、マイナス感情を垂れ流しにして放置している、こんな状態は、「自分自身を傷つけている」のです。

引きずらないで相手に「聞く」

では、こんなとき、

「この前、仕事のことで、あなたはいいよって、言ってくれたけど、私が引き受けなかったから、ほんとうは、気を悪くしてない？　あのときから、ちょっと避けられているように感じるから、気になるんだ」

「まだ、納得されていない気がするんですね。こんな感じで一緒に仕事を続けるのはつらいから、もう一度、話し合う時間をいただけませんか？」

などと、自分のほうから相手に聞いてみると、どんな気持ちがするでしょうか。

あなたの心の中にあるものを、そのまま言葉にして表現するだけでいいのです。

あなたの悩みは、〝聞く〟ことで、一瞬にして、消えてしまうでしょう。

その後の、あなたの〝晴れやかさ〟はどうでしょうか?

これこそが、あなたが、自分のために能動的に行動したという、自己信頼の感覚です。この繰り返しが、あなたの価値を自動的に高めていくのです。

思い煩《わずら》うよりも、相手に「聞く」。その勇気を育てるだけで、あなたの人生は、一変してしまうかもしれないのです。

ちょっとドキドキしてしまうときは……

あなたに必要なのは、「聞いてみよう」という決断と、その勇気です。

「でも、まだ、恐いんですが……」

さらにその勇気を育てる方法があります。

「えっ、ほんとうですか!」

はい。それは、相手から**「同意を得る」**ということです。

「えっ、同意を得る……、ですか?」

たとえば、あなたは、自分の失言から、同僚を傷つけてしまいました。

心の中のわだかまりは自分から消す

なんだか気になる
もう一度キチンと
謝っておきたい…
もや
もや
いま、
ちょっと
いい?
うん

そのとき謝ったのですが、あなたは、まだ、そのことが頭から離れません。あなたは「自分の気持ちを軽くしたい」ために、もう一度、謝ろうと決めました。

「この前は、私、失礼なことを言ってしまって、ごめんなさい。まだ、許してもらえてない気がして。どうすればいいか、さんざん迷ったんですが、このまま黙っていると苦しいので、もう一度謝りたいんです。ほんとうに、申し訳ありませんでした」

こう言いたいのですが、そのきっかけがつかめません。わざわざ済んだことを蒸し返して、かえって傷つくのではないかと、それを恐れているのでした。

「いま、いい?」と軽く前置き

あなたが誠意を尽くそうと思っていたとしても、相手はもしかしたら、依然としてあなたに腹を立てていて、返事もしないかもしれません。相手から拒否的な態度を示されれば、あなたは、もっと傷ついてしまうでしょう。

こんなとき、

「いま、少し時間、いいですか？」

「ちょっと、話をしたいので、お時間、とれませんか？」

「5分ほど、話をしたいのですが、空いている時間はありますか？」

などと、「相手に同意を得る」言葉を、前置きすると、どうでしょうか。

仮に、それで相手が拒否したとしても、あなたが傷つくパーセンテージは、はるかに低いはずです。

このように、「同意を得る」という行為は、相手の意思を確認するためですが、同時に、石橋を叩いて渡るにも似て、**「私の安全を守るため」**でもあるのです。

また、もし、不本意な結果に終わったとしても、自分を中心にして「再度、能動的に働きかけた行動」は、さらにあなたの価値を高めるのです。

わだかまりが消えるほんの少しの「勇気」

芽生えたマイナス感情は持ち越さない

自分の感情に気づくと、否定的な思考や感情が、**いかに「私自身を傷つけていたか」**を痛感するでしょう。それを経験的に知ってしまうと、マイナス感情を、ずっと持ち越したまま引きずっている不快感のほうが、嫌になってくるものです。

私の個人的な経験ですが、こんなことがありました。

ある日、バス停の前でひとり、バスを待ちながら、車の流れを目で追っていると、左手のほうから、高齢の男性が歩いてきました。足元がおぼつかなく危ぶんでいると、案の定、足がもつれて転んでしまいました。

私はすぐに飛んでいって、助け起こしました。顔から血を流していました。そこに居合わせた人たちと一緒に介抱をしながら、その男性の家人が来るのを待っていました。

家人が駆けつけ、ほっとしたとき、ちょうど、バスがやってきました。

私がバスに乗り込んだそのとき、脇から割り込んできた人がいました。その人も、高齢の男性でした。その男性は、私を強く押しのけるなり、

「順番ってものがある!!」

と怒鳴ったのです。

争うつもりがなかった私は、いったん、その人に先を譲ったものの、彼の態度とその物言いが癇《かん》に障り、彼の背中に向かって、

「私が先に来ていたんですよ」

という言葉を投げ返していました。

相手に、私の言葉が届いたかどうかは、わかりません。

「まあ、黙っているよりも、言えたからいいや」と自分に言い聞かせるものの、収まりがつきません。

●●●「自分で自分にOKを出す」ために

その収まりのつかなさは、彼が反応しなかったからではなく、実は、自分自身に対してでした。争いたくないという思いから、

「〝恐れ笑い〟をして言った……」

自分のその卑屈さが、たまらなく不快だったのです。

バスに揺られながら、私は自分に〝どうしたいか〟を問いました。

それを自分に問い始めたときから、答えは決まっていました。なぜなら、「自分がそれにこだわっている」という事実が、すでに、自分の気持ちを物語っていたからです。

周囲がどう言おうと、「そんなささいなことで」と思われようと、

「自分自身が、こだわっているのなら、それを引きずらないために行動しよう」

「自分のわだかまりを解消するために、表現しよう」

これらは、私が常に、自分に向けて言っている言葉でもあります。

そのとき私は、

「この卑屈さを引きずらないために、もう一度、言おう」

と決めたのでした。

最終地点に着いて全員が降りたとき、私は、その男性を追いかけていって、肩を叩きました。

それは先ほどの卑屈さを繰り返さないためです。

しっかりと、向き合うために、です。

「先に来ていたのですが、お年寄りの手当をしていたんですよ」

彼は顔を背けながら、くぐもった声で言い捨てました。

「俺が一番先に並んでいたんだっ！」

私が目標にしていたのは、

「自分の気持ちを解放するために言う」

この一点だけだったので、そう言えた時点で、自己完結していました。

だから、彼の返答は、どうでもよかったのです。実際、そう言えたことで、少しも気になりませんでした。

私は穏やかな口調で、

「言い方に注意してくださいね。失礼ですよ」

そして、もう一度、彼の背中をなでるように触れて、きびすを返したのでした。

「やった!!」

それは、自分の自尊心を取り戻した瞬間でした。

その感覚を味わえた直後、私の中に、また、新しい認識が芽生えました。

それは、彼を〝個〟として見た、という気づきでした。

これを体験するまで、私は「年寄りは、いたわらなければならない」という常識に縛られていたようです。それは、お年寄りを、〝十把ひとからげ〟に見る意識です。

歳が離れていたり、世代が違ったり、性や民族が異なったりすると、相手が別世界の住人のように映る、そんな垣根が外れて、彼を身近な人間として感じられたのでした。

「不快のモト」はいち早く断ち切ろう

先に示した無断駐車や信号無視の例だけでなく、自分のマイナスの欲求をそのまま押し通せば、その一コマでは、実際的、物質的に〝得〟することはたくさんあるでしょう。

けれども、これまで言ってきたように、それ自体が問題ではなく、そうすることで、**自分がどんな気持ちを抱くか**が、自分にとっては重要なのです。

自分の中の〝快・不快〟に気づくと、不快感を感じながら得するよりも、不快感のほうを、できるだけ早く解消したいと、望むようになるでしょう。

自分が「いま、していること」に対して、

・心から晴れやかな気分で、そうする

・そうすることで、心がラクになって解放される

・満足感に充ち満ちて、自由な感覚がよりいっそう広がる

この感覚が、自己信頼です。自分の価値を認める感覚です。

この感覚が、自信なのです。

この感覚の分量が多いほど、運も良くなっていくと、ほんとうは誰もが体験的に知っているはずです。

それは当然ですね。

「私が幸せであることを、罪悪感なしに、願うことができる」のですから。

5章 私の「いま」が満たされる7つのレッスン

「私」を幸せにすればいい

✦

クヨクヨ思考が止まる！「つぶやき」レッスン

ケース1 職場の同僚にひどいことを言ってしまった

「どうして」「どうすれば」は後悔のモト

あなたは、ふだん、自分がどんな言葉を使っているかに、気づいていますか？

あなたが無自覚に使う言葉が、あなたの悩みを増やしたり、運を悪くしています。

その代表では、「でも」という言葉がありました。

同様に、「どうして」という言葉もそうです。

たとえば、

「**どうして**、私にばっかり、苦しみが押し寄せてくるのだろう」

「**どうして**、こうなってしまったのだろう」

といったふうに、「どうして、どうして、どうして、どうして」と連発すると、絶望的な気持ちになっていきませんか？

その後に続くのは、こんな言葉です。

「私の、どこが悪かったのだろうか？」

「あのときの、あの選択が間違っていたのだろうか？」

「私は一生懸命やったのに、どうして、いつもこんな結果になるのだろうか？」

この言葉を、何千回、何万回つぶやいたとしても、あなたは、永遠に答えを見い出せないでしょう。

なぜならその言葉の力が、「後悔する私」へと導いていくからです。

これも「言葉のクセ」ですね。

こんな言葉で「悩みの多い私」になるとしたら、単に、それを使うクセをなくしていけばいいのです。

それに代わる言葉があります。

それは、**「いまの私を受け入れる言葉」**です。

●●●「私」を受け入れる言葉を唱えよう

たとえば、

「どうして、私は、あの人に、あんなひどい言葉を言ってしまったのだろう」

こんな言葉をつぶやくと、どんどん自分を責めたくなって、後悔でいっぱいになってしまいますね。

こんなとき、「いまの私を受け入れる」としたら、どんな言葉になるでしょうか？

「私はあの人に、ひどい言い方をしてしまった。ああ、そうか。私は、言いたかったんだな。そして、あの人を傷つけてしまった。でも、私もきっと、どこかで、（あの人によって）傷ついていて、言わずにはいられなかったんだ」

というふうに、**「私は〜したかった」**という自分の気持ちのほうに焦点を当てると、自分を受け入れやすくなるでしょう。

こんな言葉も有用です。仮にあなたが自分を主張したり行動した結果、相手と

の関係が悪くなったとします。それでも、

「結果はどうであれ、私は、自分を大事にすることができたんだ」

という言葉を自分に投げかけると、どんな気持ちになりますか？

結果を恐れずに、「そうだ、これからも、もっと自分を大事にしよう」という気持ちになるのではないでしょうか。

100パーセント「私」が悪くてもかまわない

仮にあなただけが、相手を一方的に傷つけてしまったと見える状況であっても、そうではありません。あなたもその人に、傷つけられていたのです。あなたは気づかないけれども、あなたの無意識は、それがわかっているのです。

どんな状況であっても、人間関係において、100パーセント、「私に非がある」ということは、まず、ありません。

万が一、100パーセント、自分に非があったとしても、それは、それでいいのです。仮にそうであったとしても、別のところ、別の相手によって、あなたは傷ついています。それを、その人に、ぶつけてしまったのかもしれません。

むしろ、あなたが、そうやって、関係のない相手を傷つけてしまうのでしたら、なおさら「私を受け入れる言葉」を、もっともっと、自分につぶやく必要があるでしょう。


相手にひどい言葉を浴びせてしまっても、いいんです。

相手をひどく傷つけてしまっても、いいんです。

感情的になって争ってしまっても、いいんです。

「私がこんなふうにしてしまったのは、無意識のところで、理由があったからなんだ。私には、その理由はわからないけれども、無意識は、知っている。だから私は、そうしたかった。したかったんだ……」

と、あなたが、そうしてしまった自分を心から受け入れたとき、初めて、

「こんなやり方は、もう、やめよう。ここから抜け出す生き方を学んでいこう」

と、心から決断できるのです。

ムシのいい願いも叶う！「心」のレッスン

ケース2 なかなか体調が良くならないという悩み

「ほんとうは働きたくない」のかも

いつも体調が悪いのが、悩みだという人がいました。その人は、「体調が良くなりさえすれば、もっと積極的に仕事ができるんですが……」と、**仕事が思い通りにいかないのは、自分の体調が悪いせい**だと思っています。

けれども、その人は、そう思い込んでいる限り、体調が良くなることはないでしょう。

なぜなら、その人がほんとうに望んでいるのは「仕事をしたくない」です。

体調が良くなれば、仕事をしなければならなくなります。もともと「したくない」と思っているのですから、良くなるわけにはいきません。だから、良くならないのです。

こんなとき、「体調が良くなる」ということを達成するには、どうしたらいいでしょうか？　それには、自分の願いを叶えてあげることです。

この例で言えば、

・私は働きたくない

この願いを叶えてあげることです。

もっとも、「その願いを叶えてあげる」ことで、新たな悩みが生じてきます。

たとえば、「収入がなければ、生活していけない」といった悩みです。

そうだとしたら、

・仕事をしたくない

・生活するための収入を確保したい

この両方の願いを叶えてあげることです。こんなふうに書いたとき、心から「なあんだ、そうか！　そうだ!!」と、シンプルに納得した人はいるでしょうか。

もし、そうだとしたら、その分だけ、罪悪感が少ない人と言えるでしょう。

ちょっぴり「欲張りな私」も認めてあげる

「でも、そんなムシのいい願い、叶うわけがない」

と思った人はいませんか？

あるいは、もっと、

「そんなムシのいい願いごとをするなんて、けしからん」

なんて、無性に腹が立った人はいませんか？　これも、裏を返せば罪悪感です。

幸せになることに罪悪感を覚える、というのはどういうことでしょう。それは、「私は幸せになってはいけない」と、自分に言っているようなものだと、思いませんか？

罪悪感が大きければ大きいほど、あるいは多ければ多いほど、「自分の願うもの」から遠ざかっていくでしょう。

こんなふうに、**幸せを願いつつも、無意識のところでは、幸せになることを、自分に許していない、**そんな私たちがいるのです。

悩みというのは、元をたどれば、
・私の願いを叶えてあげようとしていない
・私の願いを、否定する
・私が「そうしたいので、そうする」ことを、心から認めていない
こんなところからきていると言えるでしょう。

つまり、〝悩み〟というのは、あなたが自分のために願うことを、心から認めて、**それを叶えてあげようとしないところから、生じている**と言えるのです。

とりわけ、この「心から」が、もっとも重要です。
・私がそうしたいことを、罪悪感なしに、心から肯定する
・甘えたかったら、〝心から甘えたい〟を認めて、甘える
・したくなかったら、〝心からしたくない〟を認めて、しない
この例では、「私は主婦（主夫）になろう」で、2つの願いは叶いますね？

この肯定感が、高ければ高いほど、あなたを煩《わずら》わせる悩みは減っていくでしょう。

✦

意志の弱さを克服する！「からだ」のレッスン

ケース3 いつまでたってもお金が貯まらない

いますぐ「洗濯」を始めよう

あなたが自分を優先して「自分中心」になればなるほど、あなたの悩みは減っていきます。悩みの深刻さも、小さく、軽くなっていきます。

さらにまた、**自分中心になるにつれて、悩みが解消されるだけでなく、幸せも、成功も、経済力も、すべて、あなたの至近距離にある**のだと、気づいていくでしょう。

「じゃあ、どうすれば、自分中心になっていくんですか？」

などと、また「堂々巡りにはまる」ような思考は、しないでくださいね。

深く考える必要は、まったくありません。

あなたを「自分中心」に導く材料は、日常の、あちこちに転がっています。

たとえば、あなたが責任を過剰に考えていて、「責任を取る」ことを、恐れているとしたら、〝洗濯〟をしましょう。

「えっ!?　洗濯、ですか?」

ええ、そうです。

もちろん、単に、一例ですが、あなたが自覚して「洗濯」をするだけで、あなたは「責任を取る恐れ」から自分を解放できます。この〝自覚〟が大事です。

それを試すとしたら、まず、自分が着用するものだけを洗濯すると決めましょう。

「洗うのは、(罪悪感なしに)私のものだけでいい」

これは、私だけの責任を果たすためです。過剰な罪悪感を消すためです。

私だけの責任を取るのは、ラクで簡単。それを、感覚で覚えましょう。

洗うペースは、1週間に1回など、「私のもっともラクなペース」と決めましょう。これは、「私がラクであるかどうか」を基準にするレッスンとなります。

自分のものを自分で「洗う。絞る。干す。取り込む。たたむ」。この最初から、最後までの一貫した作業は、**「自己完結する」気持ちよさ**を、自分の中にインプッ

カラダを動かせば、ココロも上向き！

トします。

この「最初から最後までの自己完結」感覚を自覚して味わうことで、自尊心を取り戻せます。自己信頼を育てることができます。

小さな行動で「心のクセ」が一変！

「どんなに努力しても、収入に結びつかない」という人がいました。

その人は、決して怠け者でもなく、精力的に行動するものの、いっこうに、その努力が実りません。

私には、その理由のいくつかが、わかっていました。

もっとも大きな理由は、責任の取り方が「非常にあいまい」という点でした。

そのために、自分が取るべき責任と、相手が取るべき責任との境界がわかりません。というより、そんな自覚すらありませんでした。

そんな「あいまい」さは、どんな場面においても現れています。繰り返し借金をするというのも、その現れです。その人は、臨時収入があっても、借金返済に回すより、自分のほしいものに、つぎ込みます。

「自分の取るべき責任を知っている人」は、そんなとき、まず、借金を返そうとするでしょう。「責任を放置している気分の悪さ」よりも、「責任を完済し終える気持ちよさ」のほうを重視するからです。

この気持ちよさが、実は、収入を生む種なのです。

その人は、はた目には、得をしているように映るに違いありません。けれども自分の欲求を満たすとき、その人が無意識に感じているのは、無自覚であっても、「うしろめたさ」です。

「責任を果たそうとすればできたはずなのに、後回しにして責任を取らなかった」という、この「うしろめたさ」が、正当にお金を得るチャンスを妨害してしまうのです。その罪悪感から、わざと、お金を得ないほうへと自分を導くのです。

もしあなたが、そんな状況に陥っているとしたら、自覚して、得たお金を返済のほうに回しましょう。

大切なのは、その額よりも、月々の額を定期的に返済するかどうか、です。月々、私の責任を果たす。この「責任を果たす感覚の気持ちよさ」を実感することが、「収入を得てもいい意識」を育てます。

その意識が、自動的に「収入を得る行動」となっていきます。

このように、どんな小さなことでも、あなたの運を高める材料となるのです。

✦

私の魅力が全開になる！「イメージ」レッスン

ケース4 職場で軽くあしらわれるという悩み

「私」の満足をとことん追求

「自分中心」になって、自分に関心を向けていくと、不快感を覚えながら〝一時的に得する〟メリットよりも、持続的に感じる不快感のほうを手放したい、と望むようになるでしょう。

また、長期的、将来的にも、そのほうが運は良くなっていきます。これは、臨床的にも、明らかです。

「じゃあ、強欲な人やずるい人が幸せだったり、お金持ちになっているのは、どうしてですか？」

外からの「見え方」がそう映るので、悪人が得して、善人が損するように思えるのは無理もありません。けれども、あなたの目から「どうして」というふうに映る人たちであっても、〝意識〟という点では、どうでしょうか？

どんなに善人であっても、罪悪感が強い人は、幸せになれません。自分が自分で、幸せになるのを拒否しているからです。

頭の中や心の中が、不平不満でいっぱいの人も、幸せになれないでしょう。なぜなら、その人は、幸せの絶頂にあったとしても、わざわざ、悩みの種を拾って歩くからです。

「ケンカをふっかける」を生きがいとしている人は、お金持ちにはならないでしょう。なぜなら、目の前にお金があっても、ケンカをするチャンスがあれば、お金よりも、ケンカを選ぶからです。いがみ合っている2人がお金儲けしようとしても、協力し合うより、感情的になって足を引っ張り合うから、です。

他方、強欲な人が、指をなめなめ札束を数えているときはどうでしょうか。その瞬間は、「お金を得た」満足感で充ち満ちています。「お金を得た」満足感や「お金を稼いでいる」楽しさを味わっている時間が、不平不満を言っている不満足感よりも、はるかに長いとしたら、お金持ちになるのは、至極当然ですね。

どんなに悪態をつく人であっても、怒鳴っている時間より、お金儲けに知恵を絞っている時間の分量が、はるかに多いとしたら、その人は、お金儲けがうまいでしょう。

「あの人は悪人なのに。私は善人なのに」の問題では、ないのです。

たまには女王様の気分で

「なあんだ、そうなんですかあ。簡単に言えば、**自分が満足している時間が長ければいいんですね**」

それに気づいて、実行した若い女性がいます。

彼女は、「職場で軽くあしらわれる」のが悩みでした。

私は、彼女に、「軽くあしらわれる場面」を再現してもらいました。

すぐに、その理由がわかりました。

彼女が「軽くあしらわれる」最大の理由は、ごまかし笑顔で、相手に調子を合わせて同調していく態度でした。しかも、「うん、うん、うん、うん」と激しく首を動かしてうなずき、楽しいふりをして相づちを打ちます。

私は、これをやめてもらうために、次のようなことをアドバイスしました。
・弛緩と緊張の違いを実感して、リラックスの感覚をからだで覚える
・女王様になったつもりで、姿勢をただし、一語一語ゆっくりとしゃべる
・うなずくときは、これも女王様のつもりで、一回、ゆっくりとうなずく
そして、その気持ちよさを、十分に味わってもらいました。この気持ちよさは、すなわち〝自己価値の高さ〟です。彼女は、自分のこれまでの卑屈さを痛感し、

「あっ、これかあ！　これだったんですね！　この感覚を味わえばいいんですね」

彼女は、自分に対する**〝価値の高さ〟の感覚をつかんだ**のです。

その効果は、すぐに現れました。彼女と接する相手が、ことごとく、彼女の自信に満ちた態度に、圧倒されたのです。

こんなシンプルな方法で、彼女の環境は、どんどん好転していっています。

こんな「幸せイメージ」で周囲を圧倒！

✦ たちまち自信を取り戻す！「お願い」のレッスン

ケース5 いつも相手の要求ばかり優先してしまう

自己評価が低くなっていませんか？

誰が悪いわけでもありません。あなたの環境が、知らず知らずのうちに「自己の価値を低くしている」ということもあります。

その典型が、自営業の家で育った子供たちです。

たとえば、親が、店先でお客の対応に追われています。そのとき、子供が親に話を聞いてもらいたくて、親の袖を引っ張ったとします。

親が、たびたび、ロクに振り返りもせず、その袖を振り払ったとすれば、子供は、**「私は、他人より価値が低いんだ」**と学習します。

そのために、社会においても、

・私は価値が低いから、我慢しなければならない
・私は価値が低いから、他人のほうを優先しなければならない

こんなふるまいをするでしょう。

もちろん、傾向的にということですので、誤解しないでくださいね。商売で、親がお客を優先する。こんなささいな日常でも、子供が「自分には価値がない」と思い込むという一例を示したかっただけです。

こういう例もあります。

親が転勤、転勤を繰り返す仕事をしています。家族は、そのたびに、引っ越しを余儀なくされます。とりわけ子供は、親の都合で、転校の連続です。子供は子供なりに、たびたび変わる環境に、必死になって順応しようと努力します。ところが、どうにか新しい環境に慣れてきて安心するや、またすぐに転校となります。

こんな環境の中にいると、子供は、

「私がどんなに、自分なりの生活を見い出そうと努力しても、その努力のかいも

なく、突然、一方的に、自分の構築したものは、根こそぎ奪われてしまう」と学習するでしょう。

「私から」相手に頼む経験を積もう

では、こんな環境で育ち、「私は価値が低い」と思い込んでいる人たちが、自分の価値を高めるには、どうしたらいいのでしょうか？

それには、**相手に「協力を求める。頼む。お願いする。助けを求める」**ことです。

自己評価が低い人ほど、相手に頼むことができません。

もちろんこの「頼む」というのは、命令したり、強制したり、怒鳴ってやらせようとすることではありません。

あくまでも、平和的に、協調的に、頼むその時間そのものが、相手との信頼関係をはぐくむ貴重な時間とした「頼み方」です。

たとえば、同僚や先輩に、

「この点が、どうしてもわからないので、教えていただけますか？」

と、理解できない点を具体的に把握して、頼んでみましょう。

「急ぎの用事が入って困ってるんだ。残りのデータ入力をお願いしてもいいかな」

あなたの都合もお構いなしに、次から次へと用事を言いつけてくる上司に対しては、我慢して従いながら心の中で不満を溜めるより、

「いま、この作業をしているので、これがひとつ済んでからで、よろしいでしょうか。あと15分くらいで終わります」

ときには恋人や親しい人に、

「私にとって、今日は特別の日だから、一緒に過ごしてほしいんだ」

などと、相手にお願いしたり協力を求める経験を積み重ねていくにつれて、自負心、自尊心を取り戻し、自分の価値も高まっていくでしょう。

と同時に、あなたのそんな能動的な「協力を求める。頼む。お願いする。助けを求める」という自分の価値を高める方法を、相手もあなたから学ぶのです。

✦プラスの人間関係に変わる！「声かけ」レッスン

ケース6 仕事の失敗が続いて空回りしている

誰だって人との「つながり」を感じていたい

これまで述べてきたように、悩みを解消するというのは、結局、「私を愛する。私を解放する」ということです。

したくないことを、無理矢理できるようにすることでも、したいことを、我慢することでもありません。

あなたの望むもの、あなたの欲求していることを、あなた自身が、認め、あなたの願いを叶えるために、行動することです。

そのために、心から、また素直な気持ちで、「相手に協力を求める。頼む。お願いする。助けを求める」。これが、自立です。

勘違いしないでくださいね。**決して、「厳しい社会を、ひとりで、強くたくましく生きる」なんてことではない**んですよ。

ひとりで処理しようとして踏ん張る人ほど、結果として、さまざまな人に迷惑をかけます。ひとりでやろうとすると、心身ともに、疲労困憊していきます。どんなに我慢しても、誰かにすがりたくなるでしょう。

無意識の視点から言うと、その〝願い〟のために、無意識に「失敗する」を選ぶでしょう。そして、〝迷惑をかけるという方法〟で、〝人と関わりたいという願い〟が達成されるというわけです。

こんなふうに、悩みの中には、どんな場合も、「人とのつながりを感じたい」という欲求が隠れています。これを感じられれば、満足するのです。

こういったとらえ方をするならば、「悩みを誰かに打ち明ける。起こった問題について話し合う」、その時間そのものを互いに満ち足りた時間とすることができるでしょう。

問題が起こったとき、それを解決していくプロセスも、相手とのコミュニケーションも、そして、そのための自己表現も、**周囲とのつながりを感じる「幸せな時間」**となり得るのです。

解決のプロセスは良い関係を築くチャンス

悩みを「幸せな時間」に変えるには、とくに自分中心的視点が不可欠です。

たとえば、

・自分の価値を高めるために、能動的に働きかける
・戦って勝つためではなく、私の感情を解消するために、自己表現する
・私の価値を高めるために、「頼む」
・自分に非がある場合は、罪悪感を捨てるために、謝罪する

とりわけ、相手に頼むときには、頭を下げる謙虚な気持ちが大切です。

こんなとき、謙虚な気持ちで頼むのを「屈辱」のように感じる人がいるとしたら、それは、自己評価が低いからでしょう。

心理的に言えば、こういうことです。

頼むことを屈辱に感じる。バカにされるより、ひとりでやろうとする。ムキになってやるから、失敗する確率が高くなる。自信がなくなる。それを認めたくないから、ひとりでやろうとする。一気に挽回しようとしたり、見返そうとして、さらに、無茶をする。

失敗する確率が、さらに高くなる。いっそう、自信をなくす。

「ありがとう」「ごめんなさい」をどんどん言おう

こんなスパイラルから抜け出して、自分の価値を高める一石二鳥の方法があります。

それは、あなたが職場や家庭で使う「ありがとう」の言葉です。

この「ありがとう」を、すべて、〝私への感謝〟とするのです。

「先に帰らせてもらうよ。（よく働いた私に）ありがとう」

「手伝ってくれて、（よくやっている私にも）ありがとう」

嫌いな人、苦手な人に対しては、**「部分的なありがとう」**を使いましょう。

「(私はあなたが大嫌い。仕事の面だけでしか接触しないと決めています。だから、あなたがコピーを取ってくれた、この部分だけ）協力してくれて、ありがとう」

「(あなたがそばにいると不愉快になる。でも、）連絡してくれて、ありがとう」

謝罪する場合も〝自分のための、ごめんなさい〟です。

罪悪感を感じないために、頭を下げるのです。

罪悪感を抱いたままにしておくと、心理的に、相手に弱みを握られたような気分になるでしょう。借りができたような気分になります。

永遠に、相手に頭が上がらない気分になってしまうかもしれません。

そんな罪悪感を、心理的に白紙に戻すために。**心理的な貸し借りをなくしてチャラにするために。堂々としているために。**というように考えれば、「すみませんでした」と、心から、ていねいに謝罪する気持ちになれるでしょう。

このように、ふだん使っている言葉で、自分の価値を高めることもできるのです。

苦手な人ともこれでうまくいく！

ありがとうございます
「協力してくれたこと」に感謝
ごめんなさい
「後で私がうしろめたくならないように」謝罪

✦ どんなときも私を守る!「会話」のレッスン

ケース7 高圧的な上司の言いなりになっている

「私には能力がない」からではない

あなたを悩ます問題の大半が、人と関わりがあります。

ここに、「私は能力がない」と悩んでいる人がいたとします。その悩みは、当人だけの問題のように思えますが、果たして、ほんとうにそうでしょうか?

その人が、「私は能力がない」と悩んでいるとしたら、その人に、**そう思い込ませた環境や、そんなメッセージを送った人がいる**からではないでしょうか。

たとえば、職場で、とても高圧的な上司が、あなたに、

「そうじゃないと、言っただろう。何度、言わせる気だ。まったくバカな奴だ!」

と、怒鳴ってきました。

あなたはその剣幕に萎縮して、何も言えません。

高圧的な上司は、そんなあなたの姿を見ると、

「あの件は、どうなった！　何してるんだっ。さっさと、見せろ。能なしめっ！」

と〝追い打ちをかけたく〟なります。

さらにあなたは萎縮して、怯えます。その姿が、上司の神経を逆なでして、いっそう怒鳴りたくなってきます。上司の立場からすると、そう〝したくなる〟のです。

言い方を変えると、あなたが、怒鳴らせています。

もしあなたが、反抗的な気持ちを殺して黙っていたとしても、上司は、あなたを攻撃したくなるでしょう。これが、「関係性」なのです。

このときあなたが、上司の言葉を鵜呑《うの》みにして、「私はバカなんだ、能なしなんだ」と信じ込めば、どんどん自信をなくしていくでしょう。

他方、あなたが、

「そうか、私は能力がないわけじゃないんだ。**上司が恐くて怯えてしまう自分の態度が、上司を怒鳴らせている**んだ。もともと、この人は、人を傷つける言い方

しか知らないんだ。**こんな関係性で、私は、自分が能力がないと思い込んでいったのだ**」

と気づけば、あなたができるのは、自分の能力を疑うよりも、その「関係性を変えよう」と決断することです。

不当な「関係性」を変えるために

そもそも、あなたは「バカでも能なしでも」ありません。

そんなふうに思わされていた関係性に、あなたが気づいていなかった、ということが問題だったのです。

仮に上司がどんなにひどい人間であっても、それを「自分の問題」としてとらえると、傷つけられても、**「自分を守ろうとしない私がいた」**ということです。

強調しておきたいのですが、問題なのは、あなたがダメなのではなくて、そんな関係性の中で、あなたが「自分を守ろうとしていない」ことです。

それに気づくなら、反対に、自分に自信をなくさせた、その相手を通して、こんどは「自信を回復させる」レッスンができるでしょう。

たとえば、怒鳴られたとき、

「〝バカだ、能なしだ〟なんて、ひどい言い方ですね」

と、あなたが、震えながらでも一言、言葉で表現できたとします。

「それがどうしたっ。言われたくなかったら、もっと、しっかりしろ！」

と、また、相手は怒鳴るかもしれません。

でも、そんな言葉に乗ってはいけません。

あなたは、ひたすら、自分の言いたいことだけを目標にして、

「ほら、また、そんなひどい言い方をする。平気で人を傷つける。それが、耐えられないんです。二度と、言わないでください」

と、その〝つらさだけ〟を何度でも訴えてから、その場を去っていいのです。

いったいに、傷つけられたまま、そこに踏みとどまる理由があるでしょうか？

自分の感情を優先して、あなたが相手と電話で話していて、聞くのが苦しくなったら、その電話を切ってもいいのです。

人と一緒に出かけて、一緒にいるのがつらくなったら、その場で別れてもいいのです。

相手の心を揺さぶるのは、感情です。感情の言語化は、相手の心にもっとも響きます。

もしあなたが、そうやって、自分の感情を表現して相手の元を去ってしまえば、相手の心に、衝撃を与えずにはおかないでしょう。

仮に相手が平静を装ったとしても、無意識の奥に深く刻み込まれ、相手が変わるきっかけをつくるのです。

いま「言えた」が過去を癒して未来をつくる

これまであなたは、傷つけられても、「自分で、自分を守る」ことができませんでした。

そのあなたが**「言えた!」**。

「言えた瞬間」、これまでの、あなたの過去の傷みも、同時に癒すことになります。

言えた瞬間、何かが変わる！

未来の私 …「これからもうまくいく」と確信できる

・次も言える！
・自分を守れる！

過去の私 …「言えなかったつらさ」が帳消しになる

~~言えなかった~~ ~~言えなかった~~ ~~言えなかった~~

なぜなら、過去においては、似たような場面がたくさんあったはずです。けれども、その場面場面で、あなたは、自分を守ることができませんでした。

まさに、「いま、言えた」その瞬間、**過去の「できなかった」経験が、「できた！」に塗り替えられる**からです。

と同時に、あなたは、それができた瞬間、**未来においても、「自分で、自分を守る」方法を手に入れたことになる**のです。

それだけではありません。

先の例のように、あなたがそうやって、〝自分中心〟を実践すればするほど、相手も変わっていきます。あなたが自分を愛していけば、あなたを通して、相手も自分の愛し方を学ぶからです。

あなたが「自分を解放する」と、相手に解放の仕方を教えることにもなります。

あなたが「私を守る」方法を実践すれば、その方法を、相手が学びます。

あなたが「自分中心になって幸せになる」実例を示せば、相手やあなたの周囲にいる人たちも、幸せになるコツをつかむことになります。

このように、これまで各章で述べてきた悩みを解決するプロセスは、すべて、「私を愛する」「私を解放する」に通じます。「私が、私を守る」も同様です。

これができれば、あなたの未来は、保証されたも同然でしょう。

つまり、**悩みの中にこそ、「私を幸せにする」種が、散りばめられている**のです。

【著者紹介】
石原加受子（いしはら・かずこ）
●—心理カウンセラー。「自分中心心理学」を提唱する心理相談研究所オールイズワン代表。日本カウンセリング学会会員、日本メンタルヘルス学会会員、日本ヒーリングリラクセーション協会元理事、厚生労働省認定「健康・生きがいづくり」アドバイザー。
●—「思考・感情・五感・イメージ・呼吸・声」などをトータルにとらえた独自の心理学で、性格改善、対人関係、親子関係などのセミナー、グループ・ワーク、カウンセリングを20年以上続け、多くの悩める老若男女にアドバイスを行っている。現在、無料メルマガ『楽に生きる！石原加受子の「自分中心」心理学』を好評配信中。
●—著書に、『人生を好転させる意識の法則』（長崎出版）、『もっと自分中心でうまくいく』（こう書房）、『自己主張がラクにできる本』（サンマーク出版）、『気持ちを伝えるレッスン』『人間関係に奇跡を起こす83の方法』（大和出版）、他多数。

【オールイズワン】
〒167-0032　東京都杉並区天沼3-1-11　ハイシティ荻窪1Ｆ TEL 03-3393-4193
【著者ＨＰ】
http://www.allisone-jp.com/

「つい悩んでしまう」がなくなるコツ

2009年9月17日　第1刷発行
2009年9月30日　第2刷発行

著　者——石原加受子

発行者——八谷智範

発行所——株式会社すばる舎

東京都豊島区東池袋3-9-7 東池袋織本ビル　〒170-0013

Subarusya

TEL　03-3981-8651（代表）　03-3981-0767（営業部）

振替　00140-7-116563

http://www.subarusya.jp/

印　刷——中央精版印刷株式会社

落丁・乱丁本はお取り替えいたします

ISBN978-4-88399-829-6 C0030